Prominenter Zeuge des Prozesses gegen die Dienstmagd Susanna Margaretha Brandt war Johann Wolfgang Goethe. Das Schicksal der „Kindsmörderin" hatte den Dichter so berührt, daß er es für die Gretchen-Tragödie im Faust übernahm. Die Parallelen zwischen den Protokollen des Kriminalprozesses und dem Text des Faust-Dramas sind nicht zu übersehen. Mit diesem Buch wird ein Zeitdokument vorgelegt, das erregende Einsichten in das Leben der ärmeren und ungebildeten Leute im 18. Jahrhundert vermittelt.

Mit Urteilsverkündung vom 28. August 1998 des Gerichts Frankfurt wurde der Haftbefehl gegen Susanna Margaretha Brandt vom 3. August 1771 aufgehoben, das Todesurteil für ungültig erklärt und eine Bewährungszeit auf zwei Jahre festgesetzt. (Urteil abgedruckt im Anhang des Bandes)

insel taschenbuch 2563
Goethes Gretchen

Goethes Gretchen

Das Leben und Sterben
der Kindsmörderin
Susanna Margaretha Brandt

Nach den Prozeßakten
dargestellt von
Siegfried Birkner
Mit zeitgenössischen
Abbildungen

Insel Verlag

insel taschenbuch 2563
Erste Auflage 1999
Insel Verlag Frankfurt am Main und Leipzig
© Insel Verlag Frankfurt am Main 1973
Alle Rechte vorbehalten, insbesondere das der Übersetzung,
des öffentlichen Vortrags sowie der Übertragung durch Rundfunk und Fernsehen,
auch einzelner Teile.
Kein Teil des Werkes darf in irgendeiner Form
(durch Fotografie, Mikrofilm oder andere Verfahren)
ohne schriftliche Genehmigung des Verlages reproduziert
oder unter Verwendung elektronischer Systeme
verarbeitet, vervielfältigt oder verbreitet werden.
Hinweise zu dieser Ausgabe am Schluß des Bandes
Vertrieb durch den Suhrkamp Taschenbuch Verlag
Umschlag nach Entwürfen von Willy Fleckhaus
Druck: Nomos Verlagsgesellschaft, Baden-Baden
Printed in Germany

1 2 3 4 5 6 – 04 03 02 01 00 99

Inhalt

	Einführung	7
1. Kapitel	Ort, Zeit und Personen der Handlung	13
2. Kapitel	Die flüchtige Susanna Brandt wird angezeigt	17
3. Kapitel	Die Wirtin des Gasthauses zum Einhorn hatte einen Verdacht	18
4. Kapitel	Frau König hat von einer Schwangerschaft ihrer Schwester nichts bemerkt	22
5. Kapitel	Frau Hechtel fällt bei der Vernehmung in Ohnmacht	27
6. Kapitel	Die neue Dienstmagd berichtet über ihre Beobachtungen	30
7. Kapitel	Der Tatort Einhorn wird beschrieben	33
8. Kapitel	Eine Weibsperson namens Susanna Margaretha Brandt wird steckbrieflich gesucht	35
9. Kapitel	Die Gesuchte wird verhaftet und sogleich vernommen	37
10. Kapitel	Der Sektionsbefund des Neugeborenen konstatiert Gewaltanwendung	41
11. Kapitel	Susanna wird mit dem toten Kind konfrontiert und wieder verhört	43
12. Kapitel	In der Waschküche werden Blutflecken entdeckt	47
13. Kapitel	Im dritten Verhör berichtet Susanna, wie sie verführt wurde	48
14. Kapitel	Der Satan muß Susanna verblendet haben	57
15. Kapitel	Susanna schildert, wie sie voller Panik nach Mainz geflohen ist	63
16. Kapitel	Die Gastwirtin rechtfertigt sich wegen der Entlassung ihrer Magd	70
17. Kapitel	Die Untersuchung soll abgeschlossen werden	73

18. Kapitel	Aus Angst vor der Folter hat Susanna mehr gesagt als getan	75
19. Kapitel	Der Verteidiger bittet um ein gnädiges Urteil	80
20. Kapitel	Tod durch das Schwert lautet das Urteil	88
21. Kapitel	Das Gnadengesuch wird abgelehnt	94
22. Kapitel	Der Pfarrer soll der Todeskandidatin Trost spenden	98
23. Kapitel	Der Scharfrichter bittet, die Exekution seinen Söhnen zu überlassen	101
24. Kapitel	Die letzten Vorbereitungen für die Hinrichtung werden getroffen	104
25. Kapitel	Der Oberstrichter berichtet über den Verlauf der Exekution	108
26. Kapitel	Der Ratsschreiber schildert die letzten Tage bis zur Hinrichtung am 14. Januar 1772	110
27. Kapitel	Das üppige Henkersmahl schmeckt nur wenigen	115
28. Kapitel	Der Augenzeuge beschreibt den Gang zum Schafott	117
29. Kapitel	Die Sargträger genehmigen sich vom Geld der Neugierigen ein Bier	121
30. Kapitel	Der Verteidiger erhält endlich sein Honorar	124
	Erläuterungen	127
	Literatur	146
	Bildnachweis	148

Einführung

Der Prozeß gegen die Dienstmagd Susanna Margaretha Brandt ist eines der aufregendsten Ereignisse im Frankfurt des jungen Goethe, obwohl es sich um einen ganz gewöhnlichen Fall handelt: Ein junges 24 Jahre altes Mädchen, schlank und fröhlich, unbescholten und unwissend, aus der untersten Schicht einer im damaligen Frankfurt streng gegliederten und wohlhabenden Gesellschaft wird regelrecht verführt, täuscht ihre Umgebung über ihre Schwangerschaft, bringt heimlich ein Kind zur Welt und tötet es aus Angst und Verzweiflung. Sie hofft, damit „der Scham und dem Vorwurf der Leute zu entgehen". Sie ist kein leichtsinniges oder liederliches Mädchen, das an jedem Finger zehn Liebhaber hat – im Gegenteil, ihre Arbeitgeberin bestätigt, sie sei mit ihr vollkommen zufrieden gewesen, Susanna habe sich stets wohl aufgeführt.

Prominenter Zeuge des Prozesses gegen Susanna Margaretha Brandt war Johann Wolfgang Goethe. Er ist zu dieser Zeit gerade von den juristischen Studien an der Universität Straßburg und seinem Sesenheimer Abenteuer mit Friederike Brion – und zwar ohne den erstrebten Doktortitel, doch als Lizentiat der Juristerei – in seine Vaterstadt zurückgekehrt und läßt sich dort mit 22 Jahren als Rechtsanwalt nieder. Er erlebt den Prozeß gegen die Kindsmörderin von Anfang an bis zu ihrer Hinrichtung mit. Im Haus seines Vaters hat man später Abschriften der Prozeßprotokolle gefunden: ein Zeichen auch für das große Interesse, das man im Haus am Hirschgraben dem Fall entgegenbrachte.

Seit Ende der zwanziger Jahre dieses Jahrhunderts ist es literarhistorisches Faktum, daß das Schicksal der Susanna Margaretha den Dichter Johann Wolfgang Goethe so berührt hat, daß er es für die Gestaltung der Gretchen-Tragödie im „Faust" übernahm. Die Parallelen zwischen den Protokollen des Kriminalprozesses und dem Text des Faust-

Dramas sind nicht zu übersehen. Auch in Goethes Autobiographie „Dichtung und Wahrheit" findet sich ein Hinweis, wenn auch knapp und ohne Namen zu nennen, auf diesen Fall: „Es fehlte in der bürgerlichen Ruhe und Sicherheit (!) nicht an gräßlichen Auftritten. Bald weckte ein Brand uns aus unserem Frieden, bald setzte ein entdecktes großes Verbrechen, dessen Untersuchung und Bestrafung die Stadt auf viele Wochen in Unruhe. Wir mußten Zeugen von verschiedenen Exekutionen sein." Kein Zweifel ist mehr möglich, nachdem wir die Frankfurter Prozeßakten von 1771/72, die sogenannten Criminalia, kennen, daß sich diese Stelle auf den Fall der Kindsmörderin bezieht. Zur Zeit des jungen Goethe hat es in Frankfurt außer dieser nur noch eine zweite Exekution gegeben, und zwar im Jahr 1758. Damals war Johann Wolfgang neun Jahre alt.

Susanna ist ein Kind der Zeit und Gesellschaft, die wir – geistesgeschichtlich – als Zeit der Aufklärung zu bezeichnen pflegen. Aber dieses Mädchen hat weder lesen noch schreiben gelernt, und sie meint, bei Verführung und Tötung müsse der Teufel im Spiel gewesen sein.

Der Tat der verzweifelten Mutter folgte ein monatelanger Prozeß, mit Vernehmung der zahlreichen Zeugen und der Angeklagten, mit Besichtigung des Tatorts, medizinischem Gutachten und einer gewissenhaft abgefaßten Verteidigungsschrift. Die Argumente des Verteidigers, die Angst und Reue des hilflosen Mädchens, ihr Zusammenbruch bei der Urteilsverkündung, ihr Gnadengesuch, „da sie noch so jung sei", das alles kann die gestrengen Herren Syndiker und den Rat der Stadt nicht rühren. Für sie gibt es Gründe genug, den Urteilsspruch „Tod durch das Schwert" zu fällen und vollstrecken zu lassen. Am 14. Januar 1772 vollzieht sich auf der Hauptwache, im Zentrum von Frankfurt, der letzte Akt der Tragödie. Das Todesurteil wird vom Scharfrichter „durch einen Hieb glücklich und wohl vollzogen". So ist es in den Prozeßakten überliefert. Susanna Margaretha Brandt hat ihre Hingabe und die Folgen mit ihrem Leben bezahlt. Sie ist ein Opfer der Vorurteile ihrer Zeit geworden.

Dem Gericht ist ein Vorwurf der Grausamkeit oder Un-

1. Frankfurt, von der Sachsenhäuser Seite

Der Frankfurter Dom, die Stiftskirche St. Bartholomäus,
erhielt seine Turmspitze erst nach dem Brand
von 1867.

menschlichkeit nicht zu machen. Es hat sich korrekt bis in die kleinsten Äußerlichkeiten verhalten. Seine Exaktheit ging so weit, daß es sich sogar mit der Frage beschäftigte, ob Susanna Margaretha Brandt, die reformierten Glaubens war, das Abendmahl aus den Händen eines evangelisch-lutherischen Pfarrers empfangen könne. Nach dem Studium der Akten läßt sich nur sagen: In dem Prozeß des Jahres 1771 ist es korrekt zugegangen, allzu korrekt. Wir, die wir aus den Erfahrungen der Vergangenheit gelernt haben, stellen jedoch die Frage, ob bei allzu peinlicher Betrachtung und abstrakter Auslegung der Gesetze Menschlichkeit und Gerechtigkeit nicht zu kurz kommen.

Dieser von August 1771 bis Januar 1772 dauernde Kriminalprozeß gegen eine Kindsmörderin vermittelt über den individuellen Fall hinaus Einblicke in Fühlen, Denken und Handeln der beteiligten Personen, die das zunächst nur privat erscheinende Ereignis als ein gesellschaftlich bedingtes aufzeigen. Pathetisch überhöht könnte man sagen: Wie in der griechischen Tragödie die Macht der Götter vorgeführt wurde, so läßt sich an diesem Prozeß die Machtvollkommenheit der herrschenden Klasse zeigen, die im eigenen und göttlichen Namen den Urteilsspruch über ein einfaches Menschenkind fällt, dem das Wissen und die Chancen seiner Zeit vorenthalten wurden.

Mit diesem Buch wird ein Zeitdokument vorgelegt, das erregende Einsichten in das Leben der armen und ungebildeten Leute in der zweiten Hälfte des 18. Jahrhunderts vermittelt, in ein Dasein, das oft genug nicht mehr umfaßte als die knappe Befriedigung anspruchsloser Bedürfnisse und in dem – trotz Aufklärung – der Aberglaube und der Teufel eine entscheidende Rolle spielten. In eben dem Jahr 1772, als Susanna Margaretha Brandt enthauptet wird, erscheint Lessings „Emilia Galotti", in der das Selbstbewußtsein stolzer und gebildeter Bürger gegenüber der herrschenden Schicht des Adels sich manifestiert, in der aber auch die Kapitulationsbereitschaft des Bürgertums gegenüber den Machthabern sichtbar wird. 1772 ist auch das Jahr, in dem in Frankreich Denis Diderot das umfangreiche Werk der aufklärerischen Enzyklopädie nach zwanzigjährigem Bemühen mit dem letzten der 28 Bände abschließt. Der Prozeß der gesellschaftlichen Veränderung geht – in Frankreich – seiner entscheidenden Phase entgegen: der Revolution des dritten, des bürgerlichen Standes von 1789.

Für die Kaiserliche Freie Reichsstadt Frankfurt am Main hatten diese politischen Ereignisse keine Bedeutung. In Frankfurt hielt man am Überlieferten fest, das Stadtregiment lag unerschüttert in den Händen der privilegierten Schicht, der Patrizier. Sie bestimmten das Leben innerhalb der engen Grenzen der Stadtmauern. Hinter den Mauern und Befestigungsanlagen der Stadt gab es nur wenige Veränderungen. Patrizier und Bürger führten ein meist reichlich hausbackenes Leben, das sich den äußerlichen Schein der Gerechtigkeit und Ehrbarkeit gab, seine innere Schwäche und Rückständigkeit aber nur mühsam verbergen konnte. So ist ja auch Goethe dieser – nicht nur räumlichen – Enge seiner Vaterstadt alsbald nach der Rückkehr von seinem Studium in Straßburg entflohen. Frankfurt war aber auch eine Stadt des Handels und der Messen, in der man gut verdiente. Es ist nachgewiesen, daß der Reichtum Frankfurter Kaufleute und Handwerksmeister den anderer Städte um ein Vielfaches überstieg. Aber ganz unten, auf der untersten Rangstufe der Gesellschaftsordnung, lebten auch im Frankfurt des 18. Jahrhunderts Menschen, die ihr erbärmliches Dasein als gottgegeben geduldig ertrugen und darin von den Herrschenden und ihren Helfern noch bestärkt wurden. Aber von den Unterprivilegierten wissen wir nur wenig. Von ihnen ist allenfalls in den Gerichtsakten die Rede.

Das Original der Prozeßakte von 1771 wird wie die anderen Prozeßbücher der Stadt im Frankfurter Stadtarchiv aufbewahrt. Die „Criminalia", so lautet der offizielle Titel, belegen exakt die Kriminalfälle der Stadt über einen Zeitraum von 350 Jahren: Sie reichen von 1508 bis 1856, als Frankfurt seine Kriminalgerichtsbarkeit verlor.

In dieser Publikation werden umfangreiche Auszüge aus den Criminalia von 1771 veröffentlicht. Sie dürften das Interesse nicht nur von Literaturwissenschaftlern, Historikern oder Juristen finden, sondern auch das eines großen Leserkreises: Sie bieten weit mehr als sachliche und fachliche Information: sie sind eine spannende Lektüre.

Die Orthographie der Urkunde ist hier weitgehend übernommen worden, sie wurde nicht an unsere Rechtschreibung angeglichen. Änderungen wurden nur an wenigen Stellen vorgenommen: 1. wo große oder kleine Anfangsbuchstaben willkürlich gebraucht wurden, nicht aber, wenn sie im Sprachstil jener Zeit begründet sind; 2. bei offenbaren Schreibfehlern, die aber höchst selten sind; 3. Abkürzungen wurden im allgemeinen aufgelöst; 4. die Doppelung von Konsonanten wie im Wort „Vatter" statt „Vater" wurde beibehalten, da sie Ausdruck des Frankfurter Dialektes ist, wie auch 5. die für Frankfurt typische Schreibweise von „Mädgen" statt „Mädchen" oder „Stübgen" statt „Stübchen" nicht geändert wurde. 6. Verhältnismäßig oft geändert wurde dagegen die Interpunktion, und zwar vor allem dann, wenn dadurch das Verständnis des Gemeinten erleichtert wurde, zumal im Amtsdeutsch der Prozeßprotokolle häufig extrem lange Sätze gebildet werden.

Wer den Folioband der Criminalia von 1771 einmal in die Hand nehmen und darin blättern kann, der wird fasziniert sein von den teils recht unterschiedlichen, aber stets ausdrucksvollen Handschriften. Wir, im Zeitalter der maschinellen Produktion und Reproduktion lebend, sind für das Originale und Individuelle besonders aufgeschlossen. Diese formale Besonderheit der Criminalia kann hier leider nicht vermittelt werden. Einige Faksimile-Wiedergaben der Originalhandschriften mögen davon immerhin einen Eindruck geben. Die Reproduktionen von Zeichnungen und Kupferstichen aus der Zeit der Susanna Margaretha Brandt sollen einer anschaulichen Vorstellung vom Frankfurt der zweiten Hälfte des 18. Jahrhunderts dienen. Die Originale werden in der Graphischen Sammlung des Historischen Museums auf dem Frankfurter Römerberg aufbewahrt, die Vorlage für das Titelbild wurde vom Germanischen Nationalmuseum in Nürnberg zur Verfügung gestellt.

Siegfried Birkner

1. Kapitel
Ort, Zeit und Personen
der Handlung

Ort der Handlung:
Die Kaiserliche Freie Reichsstadt Frankfurt am Main

Zeit der Handlung:
1. August 1771 bis 14. April 1772

Personen der Handlung:

Susanna Margaretha Brandt	24 Jahre alt, Soldatentochter, Vollwaise, Analphabetin. Dienstmagd im drittklassigen Gasthaus zum Einhorn: angeklagt, ihr neugeborenes Kind umgebracht zu haben.
Maria Margaretha Bauer	Gastwirtin im Einhorn, Witwe, 56: hat Susanna am Tag der heimlichen Entbindung – am 1. August 1771 – aus ihren Diensten entlassen.
Anna Margaretha Seyfried	Die neue Dienstmagd im Einhorn, 43, aus Umstadt bei Frankfurt: macht wichtige Aussagen.
Anna Catharina Brandt	Ledige Schwester von Susanna, 40: bei ihr verbringt Susanna die Nacht vor ihrer Flucht.

Maria Dorothea Hechtel	Susannas zweite Schwester, 35, Frau des Schreiners Hechtel: hatte keine Ahnung von der Schwangerschaft ihrer Schwester Susanna.
Maria Ursula König	Susannas dritte Schwester, 32, verheiratet mit dem Tambour König, zwei Kinder: erstattet am Abend des 2. August Anzeige gegen ihre Schwester.
Brandt	Sergeant, Ordonnanz, Susannas Vetter: untersucht im Auftrag als erster den Tatort.
Anna Sybilla Schmidt	Pflegerin im Hospital, 51: ihr schenkt Susanna die ominöse Schere.
Dr. Gladbach	Angesehener Physicus (Arzt): verschreibt Susanna Pulver gegen ihren dicken Leib.
Pettmann, Grammann, Giese, Behrends, Parrot, Meyer, Gayser, Bucher	Ärzte (Physici und Chirurgi): unterzeichnen den Sektionsbefund zusammen mit Dr. Gladbach „manu propria".
Marcus Christoph Schaaf	Dr. jur., offizieller Verteidiger der Angeklagten: muß 3 Monate auf die Begleichung seiner Rechnung warten.

Willemer und Zeitmann	Pfarrer in Frankfurt: spenden der Todeskandidatin Trost und begleiten sie zum Schafott.
Bauer von Eyseneck	Stadt-Kommandant, zuständig für Ruhe und Ordnung in der Stadt: verstärkt am Tag der Exekution Wachen und Patrouillen.
Johannes Raab	Obrist-Richter (und als solcher Polizeipräsident): bricht den Stab über der zum Tode Verurteilten.
Johann Anton Hoffmann	Scharfrichter (auch Nachrichter genannt): überläßt die Exekution mit dem Schwert seinen Söhnen.
Johann Heinrich Hoffmann	Ältester Sohn des Scharfrichters, 25, aus Groß Gerau bei Frankfurt: vollzieht die Exekution mit einem Schwerthieb.
Lauz, Hofmann, Rumpel, Schudt	Syndici, gehören zu den angesehensten Familien der Freien Reichsstadt Frankfurt: begründen das Todesurteil und die Ablehnung des Gnadengesuches.
Dr. Johann Jost Textor	Ratsherr und Schöffe seit September 1771, Onkel

	von Johann Wolfgang Goethe: wirkt bei den Verhören mit.
Dr. Lindheimer	Senator: führt zusammen mit dem Senator Dr. Siegner die Vernehmungen durch.
Dr. Claudy	Ratsschreiber, hoher städtischer Beamter und gebildeter Mann: erledigt im Auftrag des Rates besonders schwierige Aufträge.

2. Kapitel
Die flüchtige Susanna Brandt wird angezeigt

Die Kriminalakte beginnt unter dem Datum 3. August 1771 mit folgender Eintragung:

Nachdem dem Jüngeren Herrn Bürgermeister des hiesigen Tambour Koenigs Ehefrau gestern Abend nach 9 Uhr die Anzeige gethan, daß ihre in dem Gasthaus zum Einhorn dahier bey der Wittib Bauerin als Magd in Diensten stehende Schwester Nahmens Susanna Brandtin wegen einer verheimlichten Geburt sehr verdächtig seye, indem ihre Brodt Herrin und sie Denunciantin in dem Stall eine Straase mit Geblut angetroffen, und besagte ihre Schwester sich entfernet habe. So referirte anjetzo der Ordonnantz Brandt:

daß er auf erhaltenen Befehl des Jüngeren Herrn Bürgermeisters Wohlgeboren sich sogleich in gedachtes Gasthaus begeben, in dem Stall daselbst hier und da Blut, und beym genaueren Durchsuchen unter dem s. v. Mist[1] ein todtes neugebohrnes Knäblein gefunden habe. Dieses Kind, an dessen einem Schläfe ein Zeichen einer verübten Gewalt wahrzunehmen, habe er demnächst in das Hospital gebracht, und die Beschreibung der fugitiven Person, Alter und Kleidung, mit dem Befehl im Betreffungsfall sie zu arretieren, ebenfalls gestern Abend noch auf die Hauptwache zum Circuliren an denen Thoren getragen, die Wirthin Bauerin auf heute früh noch vor Amt beschieden, diesen Morgend aber die Herren Physicos und Chirurgos auf diesen Nachmittag 2 Uhr in das Hospital zur Section bestellet.

---

[1] s. v. = Abkürzung von salva venia, das mit »wenn es erlaubt ist« zu übersetzen wäre. Das s. v. wird auch vor Worten wie Urin oder Dreck benutzt, als Entschuldigung, daß solche Benennungen verwendet werden.

3. Kapitel
Die Wirtin des Gasthauses zum Einhorn hatte einen Verdacht

Maria Margaretha Bauer wird unter Ermahnung, die Wahrheit zu sagen, befragt, ob sie eine Magd in Diensten habe, welche Susanna Brandtin heiße, und ob diese wegen verheimlichter Geburt verdächtig seye? Die Antwort:

Ja. Besagtes Mensch seye schon bey ihr Compar.[1] dritthalb Jahre als Magd in Diensten, und habe sich die Zeit über wohl aufgeführet, so daß sie mit ihr vollkommen zufrieden gewesen. Als aber dieselbe vor ohngefehr einem 4tel Jahr unscheinbar geworden und dem Aussehen nach ihr schwanger zu seyn geschienen, habe sie dieselbe deßhalb zur Rede gesetzet, von ihr aber zur Antwort erhalten, daß ihre monathliche Reinigung durch einen gehabten Zorn schon einige Zeit zurückgeblieben sey, und sie davon einen dicken Leib bekommen habe.

Mit dieser Entschuldigung habe sie Compar. sich nicht beruhiget, sondern deren beyden Schwestern, des Tambour Koenigs Ehefrau, und der Schreinerin Hechtelin diesen Umstandt angezeiget, welche beyde besagte ihre Magd Brandtin in ihrer Gegenwart nachdrücklich deßhalb constituiret, diese aber in die Worte ausgefallen, „das schwehre Gewitter welches anjetzo am Himmel stehe, solle sie in Erdboden erschlagen, wenn sie von einem Kind wüßte, sie hätte weder mit einem Christen noch mit einem Juden zu thun gehabt." Ihre Schwester, die Hechtelin, habe hierauf versetzt, wann sie ein gutes Gewissen hätte, so solte sie sich visitiren lassen, auch dieselbe, welche sich hierzu verstanden, hinaus in eine Kammer genommen, sie auskleiden lassen und genau besichtigt. Bey ihrer Zurückkunft aber ausgesagt: es wäre nichts, sie könte keine Schwangerschaft an ihr finden, man müßte suchen, dem Mädgen etwas zu gebrauchen, daß sie ihr Geblut wieder bekäme.

[1] Compar. = Abkürzung für Comparentin, vom Lat. comparere = erscheinen, sich zeigen. Heutige Schreibweise = Komparent: jemand, der (vor Gericht) erscheint.

Hierdurch seye sie Compar. bewegt worden, ihrer Magd Brandin² die Zusage zu thun, daß sie selbige, wann sie gesund bleiben würde, noch 4 Wochen behalten wolle, um zu sehen, was es mit ihr werden würde. Weiter habe sie Comparentin den s. v. Urin von ihr fangen lassen, und den Herrn Dr. Metz darüber befragt, welcher dann Anfangs gesagt, der Urin seye von keinem ledigen Weibsbild, und als sie ihm eröffnet, daß er von der Magd seye, welche ihr Comp. schwanger zu seyn vorkäme, habe er ihr geantwortet, sie mögte das Mensch zu ihm ins Haus schicken, er wolte sie deßhalb examiniren, welches sie auch gethan, und von dem Hl. Dr. Metz zur Antwort erhalten habe, er wüßte nicht, was er sagen solte, das Mensch wolte nichts gestehen, und von keiner Schwangerschaft etwas wissen, sondern gebe vor, sie habe einen Zorn gehabt und dahero ihr Geblut verlohren, mit dem Anfügen, nirgends wäre ihr Leib gantz dünne, und wann sie etwas essen thäte, so wäre selbiger etwas dicker.

Eben gedachter Herr Dr. Metz habe ihr hierauf einen Trank verschrieben, welches ohngefehr 4 Wochen nach Himmelsfarth Tage gewesen, und diesen habe sie nur einmahl genommen und vorgegeben, er schmecke so übel, daß sie ihn nicht nehmen könte. Weilen es nun mit derselben sich nicht bessern wollen, hätten der inculpatae beyde mehr bemeldete Schwestern den s. v. Urin vor ohngefehr 14 Tagen zum Herrn Dr. Burggraff gebracht, und dieser ihrer Aussage nach davor gehalten, daß keine Schwangerschaft vorhanden, sofort auch zur Verschaffung ihrer Reinigung ihr ein Pulver verschrieben, welches dieselbe auch eingenommen und vorgegeben, daß sie Besserung verspüre.

Nachdeme sie Compar. aber keine Besserung wahrgenommen und überlegt habe, daß die Meß vor der Thür seye, wo sie die Magd nothwendig zu brauchen habe, habe sie derselben am abgewichenen Donnerstag als dem 1. huius, als an wel-

² Brandin oder Brandtin, die Schreibweise ist unterschiedlich wie auch bei anderen Namen: Dr. Schaaff und Schaaf, Dr. Claudy und Claudi: Man schreibt so, wie man es hört. Eine verbindliche Schreibweise für Nachnamen wurde erst in der 2. Hälfte des 19. Jahrhunderts angeordnet.

chem eben ein 4tel Jahr ihrer Dienst Zeit zu Ende, den rest ihres Lohnes mit 30 Kreuzer mit dem Bedeuten zugestellet, daß sie zu ihren Schwestern gehen und daselbst sich und ihrer Gesundheit besser pflegen solte, worauf auch dieselbe Abends um 8 Uhr fortgegangen seye.

Sie Comparentin habe hierauf ohngefehr gegen 9 Uhr zu der Hechtelin geschicket und fragen lassen, ob ihre Schwester bey ihr seye, welche nach einigem Zeitverlauf mit der Nachricht zu ihr gekommen, daß weder sie noch die andere Schwester Königin sie gesehen hätte, worauf sie Comp. sogleich, weilen ihr dieser Umstandt verdächtig vorgekommen, mit Zuziehung der Hechtelin ihrem Haus nachgesucht, und die inculpatam auf der Stiege sitzend angetroffen hätten, und habe diese vorgegeben, ihr Kopf und alles thäte ihr weh, sie wolte die Nacht noch im Hauß bleiben und Morgen ihr Zimt reiben helfen, welches sie Comp. aber nicht gelitten, sondern sie ihrer Schwester mitgegeben habe.

Gestern Morgend um 10 Uhr habe sie Comp. in ihrem Holtzstall eine Straase mit Blut als wie von einer kreysenden Frau angetroffen, worüber sie nicht wenig erschrocken und sogleich die Hechtelin zu sich rufen lassen, und derselben diesen verdächtigen Umstandt angezeigt und gewiesen, worauf auch die Hechtelin ohngefehr gegen 12 Uhr Mittags sich zu ihrer Schwester Königin, woselbsten inculpata sich aufgehalten, begeben, und selbige darüber zur Rede gesetzt habe, und seye Nachmittags wiederum zu ihr Comparentin gekommen, habe ein blutiges Hemd mitgebracht und ausgesagt, sie wäre nicht schwanger, sondern hätte auf einmahl ihr Geblut wiederum bekommen, mit dem Zusatz, wer ihrer Schwester nachsagen würde, daß sie schwanger seye, an dem wolte sie ihr Leben hängen, als wodurch sie sich wiederum beruhigt habe.

Indessen wäre die Königin ausgegangen, und als sie nach ihrer Zurückkunft zu Hauß ihre Schwester die inculpatam nicht angetroffen, zu ihr Comparentin gekommen, und da sie selbige eben so wenig bey ihr als bey der Hechtelin gefunden, wäre sie insgesamt sehr bestürzt geworden, und hätte diese und die Königin gleich bey ihr nach dem Kind nachsuchen wollen, welches sie aber nicht zugegeben, sondern ausgesagt habe, man müste sogleich die Sache anzeigen, und dieses wäre alles, was ihr von der gantzen Sache bewust seye.

Ob sie diese ihre Aussage zu beschwören im Stande seye?
R: Ja. Mit gutem Gewissen.

4. Kapitel

Frau König hat von einer Schwangerschaft ihrer Schwester nichts bemerkt

Die ersten Seiten der Frankfurter Kriminalakte vom Jahre 1771 enthalten eine Exposition wie für ein klassisches Kriminalstück: Da ist von einer heimlichen Geburt die Rede, Blut und ein totes, neugeborenes Kind werden entdeckt. Die Verdächtige, Dienstmagd in einem Gasthaus, ist verschwunden. Am Körper des Kindes werden Spuren von Gewaltanwendung festgestellt — ein Grund mehr, den Haftbefehl auszustellen und an den Toren der Stadt anzuschlagen. Die erste Zeugin hat ausgesagt, es ist die Wirtin des Gasthauses, in dem die Magd Susanna Brandt gearbeitet hat und in dem das tote Kind gefunden wurde. Kann die Magd aber die Mutter sein? Hat sie nicht bis zum letzten Tag ihre Dienste verrichtet? Haben nicht zwei Ärzte festgestellt, es liege keine Schwangerschaft vor? Da gibt es also Widersprüche, die geklärt werden müssen. Vor allem aber die Frage: Was hat sich am 1. August, abends, ereignet, als die Magd Susanna von der Gastwirtin Bauer aus dem Dienst entlassen und gegen 10 Uhr in der Nacht noch im Gasthaus zum Einhorn auf der Stiege im Hinterhaus aufgefunden wurde? Schließlich interessiert sich das Gericht für eine weitere Angelegenheit: Die kurzfristige Entlassung der Dienstmagd Susanna. Mit der Erklärung der Frau Bauer ist man nicht zufrieden, man wird noch öfter auf diesen Punkt zurückkommen. —

In die noch reichlich dunkle Angelegenheit können zwei Personen vielleicht Licht bringen: die beiden verheirateten Schwestern der Susanna Brandt. Zunächst wird die Ehefrau des Tambours König zur Vernehmung vor die Senatoren Dr. Siegner und Dr. Lindheimer zitiert:

Wie sie mit ihrem gantzen Nahmen heiße, wie als wo sie gebürtig und welcher religion sie seye?
R: Maria Ursula Koenigin, eine gebohrene Brandin, des

weyland hiesigen Soldaten Brands hinterlassene Tochter, dahier gebürtig, 32 Jahre alt und reformirter religion.

Ob sie mit der arrestierten Brandin verwandt seye, und wie nahe?

R: Ja. Sie wäre leider ihre leibliche Schwester.

Ob und was ihr von deren heimlichen Geburt bekannt worden seye, solle solches umständlich erzählen?

R: Es würde, wann sie sich nicht irre, kurtz vor Pfingsten dieses Jahres gewesen seyn, als die Wirthin Bauerin sie zu sich rufen lassen und ihr angezeigt habe, daß die Nachbarsleute aussagten, ihre Dienst Magd, nehmlich ihr Compar. Schwester seye schwanger, sie mögte doch dieselbe deshalb befragen, indeme sie Bauerin nicht gern ihr selbiges vorhalte, weilen sie sehr unnütze seye.

Ob sie nun wohl der Bauerin geantwortet, daß es sich vor sie gar wohl schicke, mit ihrer Dienst Magd ernsthaft zu reden, so wäre sie doch bereit, ihre Schwester in Beysein der anderen Schwester, der Schreiner Frau Hechtelin, deßhalb zu examiniren, hätte auch bald darauf, nehmlich an einem Sontag, nebst ihrer Schwester Hechtelin ihre arrestierte Schwester in der Behausung und Gegenwart der Frau Bauerin über die Schwangerschaft ernstlich befragt, von ihr aber zu vernehmen gehabt, daß sie keinesweges schwanger seye, und daß ihr dicker Leib blos daher rühre, weilen sie ihre Reinigung wegen eines über die Frau Bauerin gehabten Zornes verlohren hätte, wobey sie noch hinzugefügt habe, so wahr als dermahlen ein Gewitter am Himmel seye, so wahr hätte sie mit keinem Mannes Mensch zu thun gehabt.

Diesem ohnerachtet, hätte doch ihre Schwester die Hechtelin sie mit hinaus in eine Kammer genommen und daselbsten genau besichtigt, darauf aber wieder unten in der Stube bey der Bauerin ausgesagt: sie könnte nichts von einer Schwangerschaft finden, wobey arrestata hinzugesetzet: „der liebe Gott erhalte mich bey der Dickung, die schadet mir nichts."

Auf diesen Vorgang habe die Frau Bauerin gesagt, bey diesen Umständen mögte man die Leute schwätzen lassen, und sie wolte den Doctor darüber sprechen und ihr medicin verschreiben lassen, welches auch, soviel sie Compar. wisse, geschehen seye, jedoch solle arrestata von diesem Trank nur ein= mahl genommen und vorgegeben haben, er schmecke so garstig. Comparentin habe aus dieser Ursache und besonders deßhalb keine Schwangerschaft vermuthet, weilen sie ihrer mehr ge= dachten Schwester, als selbige nachgehends noch etliche mahl zu ihr in ihre Wohnung gekommen, sehr beweglich zugeredet, sie solte ihr doch um Gottes willen gestehen, ob sie schwanger seye, es hätte ja nichts zu sagen, sie wäre nicht die erste, und würde auch nicht die letzte seyn,[1] diese aber jederzeit gantz frey= müthig behauptet, daß sie von nichts wisse, und seye sie, Comp., nichts weniger als das jetzige Unglück gewärtiget gewesen.

Am abgewichenen Donnerstag Abends um 10 Uhr aber habe ihre Schwester die Hechtelin sich bey ihr nach der ar= restatae erkundigt, worüber sie Compar. nicht wenig erschrok= ken und zur Antwort gegeben, sie hätte sie mit keinem Aug ge= sehen, und wisse nicht, warum sie nicht bey ihrer Brodtherrin der Frau Bauerin seyn solte, worauf jene versetzt, die Frau Bauerin hätte sie Abends um 8 Uhr fortgeschicket, und um 9 Uhr bey ihr fragen lassen, ob sie auch würklich zu ihr ge= gangen seye. Die Hechtelin habe hierauf der Frau Bauerin die Nachricht gebracht, daß sie beyde Schwestern die arrestatam mit keinem Aug zu sehen bekommen, worüber die Bauerin und ihre Schwester Hechtelin sehr erschrocken und endlich in allen Zimmern im Hauß nachgesucht und sie auf der hintersten Treppe angetroffen hätten, woselbsten sie nach Aussage der Hechtelin vorgegeben, daß sie der Frau Bauerin gesagt, wie sie auf einmahl ihr ordinaire sehr stark wiederum bekommen habe, und diese sie hierauf Abends um 8 Uhr, nachdem sie ihr vor= hero noch Thee zu trinken gegeben, zu der Hechtelin zu gehen heissen, damit sie sich still und ruhig halten könte, biß ihr wie= derum wohl seye.

[1] Dieser Ausspruch »sie wäre nicht die erste« wird im Protokoll noch zweimal wörtlich verwendet, beide Male mit dem gleichen Zusatz »und würde auch nicht die letzte sein«. In Goethes »Faust«, bereits in der Fassung des »Urfaust«, spricht diesen Satz Mephistopheles aus als Antwort auf Fausts Vorhaltungen und Klagen, daß Gretchen »als Missetäterin im Kerker zu entsetzli- chen Qualen eingesperrt« ist: »Sie ist die erste nicht!«

2. Markt auf dem Römerberg

Rechts der Römer, Rathaus seit 1405,
links die Nikolai-Kirche, von deren Turm
bei der Abfahrt des Marktschiffes nach Mainz
geblasen wurde.

Auf Verlangen der Frau Bauerin habe die Hechtelin die arrestatam mitgenommen und Nachts um 11 Uhr zu ihr Comparentin ins Hauß gebracht, jedoch habe sie selbige nicht zu sehen bekommen, weilen sie schon zu Bette gelegen, und über das erste Nachfragen sich so alteriret, daß sie davon einen ordentlichen Frost bekommen.

Den folgenden Morgend wäre die Hechtelin zu ihr gekommen und habe arrestatam befragt, wie sie sich befinde, und von ihr zur Antwort bekommen, es wäre ihr gantz wohl, sie wolte sich anziehen und wiederum zu der Frau Bauerin gehen, und nachdeme die Hechtelin gegen sie Compar. geäussert, daß die Bauerin eine gantze Strase mit Geblut angetroffen, welches arrestata auf Befragen vorgegeben, daß es das Geblut seye, so auf einmahl von ihr häufig weggeschossen, so habe sie sich angezogen, und wäre mit der Hechtelin zu der Frau Bauerin gegangen, um die nähere Umstände zu untersuchen, hätte aber bey ihrer Zurückkunft die arrestatam nicht mehr zu Hauß angetroffen und dahero geglaubet, daß sie wiederum zu der Frau Bauerin gegangen seye.

Als Comparentin indessen ausgegangen und bey ihrer Zurückkunft von der Frau von Stockum Abends um 6 Uhr von der Hechtelin erfahren, daß arrestata nicht bey die Bauerin zurückgegangen, wäre sie erst auf die Gedanken gekommen, daß vielleicht arrestata heimlich gebohren, und dahero der Hechtelin aufgetragen, allenthalben sich nach ihr zu erkundigen, und endlich, da sie nicht ausfindig zu machen gewesen, habe sie die Umständte des Jüngeren Hl. Bürgermeisters Wohlgeboren anzuzeigen vor nöthig erachtet. Weiter wäre ihr nichts bewust.

Ob nicht auch Comp. und ihre Schwester die Hechtelin den s. v. Urin der arrestatae ohnlängst zu dem Hl. Dr. Burggraff getragen, und aus was Ursache solches geschehen seye?

R: Sie Comp. nicht, sondern die Hechtelin und ihre ledige Schwester Anna Catharina Brandin, und zwar aus der Ursache, um zu erfahren, ob sie würcklich schwanger seye, und hätte der Herr Dr. Burggraff vorgegeben, daß er an dem Urin nichts sehen könte, auch ihr vor ihre Reinigung Pulver verschrieben.

Wann dieses eigentlich geschehen seye?

R: Ohngefehr vor 3 biß 4 Wochen.

Ob die Wirthin Bauern der arrestata den Dienst vorhero aufgesagt, oder ob sie sie auf einen Stutz² fortgeschickt habe?

R: Das wisse sie nicht.

Was arrestata bey ihrem Antreffen auf der Stiege vorgeben habe?

R: Das wisse sie nicht, weilen sie nicht mit gegenwärtig gewesen. Die Hechtelin habe ihr das vorhin angeführte Vorgeben erzehlet, und würde deßhalb Red und Antwort geben können.

Ob Comparentin niemahlen einige Merkmahle der Schwangerschaft bey der arrestirten Schwester wahrgenommen?

R: Nein. Ausser des dicken Leibes hätte sie nichts an ihr bemerket.

Ob dann die arrestata am Donnerstag Abend um 8 Uhr aus der Bauerin ihrem Hauß weggegangen, und wer sie fortgehen sehen?

R: Das wisse sie nicht, es seye aber zu vermuthen, daß sie gar nicht aus dem Hauß gegangen, sondern sich versteckt habe.

Ob arrestata auch nicht ihrer ledigen Schwester von ihrer heimlichen Geburt etwas erzehlet habe?

R: Nein. Auf der Welt gibt es nichts.

Ob sie noch etwas näheres dieser Sache halber anzuzeigen, und diese ihre Aussage zu beschwöhren im Standt seye?

R: Sie wisse weiter nichts und könne ihre Aussage auf jedesmahliges Verlangen eydlich bestärken.

---

² Stutz = Stoß: plötzlich. Das Verb stutzen ist in dieser Bedeutung noch heute gebräuchlich: plötzlich stehenbleiben, argwöhnisch werden.

5. Kapitel
Frau Hechtel fällt bei der Vernehmung in Ohnmacht

Die Hechtelin — Hechtel ist der Name der zweiten Schwester von Susanna Brandt — war im Protokoll der letzten Vernehmung immer wieder genannt worden. Maria Dorothea Hechtel, die Frau des Schreiners Hechtel, 35 Jahre alt, wird als nächster Zeuge befragt. Sie bestätigt die Aussagen ihrer Schwester, der Frau des Tambours König, kann aber noch weitere Einzelheiten hinzufügen. — Wir folgen wieder dem Protokoll der Frankfurter Kriminalakte von 1771. Nach der Vernehmung zur Person kommt man ohne Umstände zur Sache:

Was ihr Comp. von besagter ihrer Schwester heimlichen Niederkunft bekannt seye?

R: Zum abgewichenen Donnerstag Abends 9 Uhr habe die Frau Bauerin sie Comparentin zu sich rufen lassen und sie gefragt, ob ihre Schwester, die Susanna zu Hauß bey ihr seye, und als sie Comparentin mit Nein geantwortet, ihr gesagt, daß dieselbe sich gegen Abend ohngefehr 6 Uhr geklagt hätte, daß sie nicht wohl seye, worauf sie ihr etwas Thee zu trinken gegeben, und nachdem sie diesen getrunken ihr angerathen, sie solte bey ihre Schwester gehen und sich warten und ausruhen, bis es besser mit ihr würde, wo sie alsdann wieder kommen könnte. Sie Comparentin über diese Nachricht erschrocken, seye ohnverzüglich zu ihrer Schwester der Königin und zu ihrem Bruder dem Sergeant Brandt gegangen und habe ihre Schwester die arestatam daselbst aber vergeblich gesucht. Nach diesem seye sie wieder zurück zu der Bauerin gegangen, und habe derselben mit größter Befremdung eröffnet, daß sie ihre gedachte Schwester nirgends angetroffen habe, wodurch sie und die Frau Bauerin bewogen worden, in dem gantzen Hauß nachzusuchen, ob sie sich etwa versteckt habe, und als sie Comparentin sich noch in einem Zimmer im hintersten Bau mit Nachsuchen beschäftigt, seye sie von der dabey gewesenen Bauerischen Magd auf der Stiege im Hinterbau sitzend angetroffen und von ihr inzwischen hinzugekommenen Comparentin gefragt worden, was ihr fehle und warum sie nicht, wann sie krank seye, zu ihr gekommen wäre, da es ihr doch die Frau Bauerin erlaubet; und hätte hierauf dieselbe ihr zur Antwort gegeben, daß sie ihre längst ausgebliebene Ordinaire wieder bekommen, und davon so matt geworden wäre, worauff sie selbige auf der Frau Bauerin Geheiß mit sich und zu ihrer Schwester der Königin auf der Alten Gaß genommen, welche aber nebst ihrem Mann, da es bereits 11 Uhr gewesen, schon schlafen gelegen, und hätte ihre daselbst sich aufhaltende ledige Schwester Nahmens Catharina dieselbe zu sich in ihr Bett geleget, und seye sie Comparentin hiernächst auch nach Hauß gegangen.

Des anderen Morgends gegen 9 Uhr seye sie Comp. wieder zu ihrer arretierten Schwester Susann auf die Alte Gaß gegangen, habe sie gefragt, wie sie sich befinde, und von ihr zu vernehmen gehabt, daß ihr gantz wohl seye, und sie sich anziehen und zu der Bauerin gehen wolle, hätte ihr auch zur Bestärkung ihres Vorgebens, daß sie ihre Ordinaire wieder erhalten, ein blutiges Hemd gewiesen, mit welchem sie Comparentin zur Bauerin gegangen, und ihr solches ebenfalls gezeiget, die dann hierauf erwiedert, daß es gantz gut wäre, und könnte sie also, wann sie gesund, wieder zu ihr kommen.

Sie Comparentin seye ferner desselbigen Abends gegen 6 Uhr abermahls zu der Königin gegangen, und habe nach ihrer Schwester Susann sehen wollen, von ersterer aber gehöret, daß selbige diesen Morgend, da die Königin ausgegangen, sich angezogen, und fortgemacht habe, und werde sie wohl zu der Bauerin sich wiederum begeben haben, auch hätte sie Königin, weilen sie den gantzen Nachmittag bey der Frau von Stockum zugebracht, ihr nicht nachgehen können. Hierauf habe Comparentin ohnverzüglich bey der Bauerin nach ihrer Schwester gefragt, sie aber nicht daselbst angetroffen.

Diese Entfernung wäre ihr Compar. sowohl als der Wirthin Bauerin sehr bedenklich vorgekommen, und habe letztere veranlasset, in dem Hauß nachzusehen, ob sich etwa gar nicht etwas von einem Kind sehen liesse, worauf sie auch in der

Wasch Küche eine Straase mit Blut angetroffen, welche sie ihr Compar. auch gewiesen, und seye sie Compar. sogleich wieder zu ihrer Schwester Königin gegangen, habe ihr den Vorgang erzehlt, auch sie mit zu der Bauerin genommen, und hätte sie beyde hierauf ihre Schwester überall gesuchet, und weilen sie solche nicht finden können, auch alle diese vorgegangenen Umstände ihnen sehr bedenklich geschienen, so habe ihre Schwester die Königin, nebst ihres Bruders Frau der Brandtin diese Umstände ihrem Vetter dem Ordannantz Brandt angezeiget, welcher sie beyde mit zu dem Jüngeren Herrn Bürgermeister genommen, dem sie alles dieses vorgetragen, und der hierauf sogleich auf der Hauptwache und an deren Thoren den Befehl ergehen lassen, ihre entwichene Schwester im Betreffungsfall zu arretieren.

Weilen Compar. während des gantzen Verhörs mit Mutterbeschwerden und Ohnmachten überfallen worden, so daß man verschiedentlich Halt machen müssen, und zuletzt gantz entkräftet geschienen, so hat man das Verhör vor heute abgebrochen, und sie nach Verlesung dieses protocolls dimittiret.

In fidem — J. J. Rost — actuar. vic. jur.

6. Kapitel
Die neue Dienstmagd berichtet über ihre Beobachtungen

Die Gastwirtin Bauer hat zum 1. August im „Einhorn" eine neue Magd eingestellt. Sie heißt Anna Margaretha Seyfried, ist 43 Jahre alt und in Umstadt bei Frankfurt geboren. Die Ereignisse an dem fraglichen Abend des 1. August hat sie miterlebt. Sie wird nun vernommen und macht ihre Aussagen darüber, was sie gesehen hat. Nach den üblichen Bemerkungen zur Person wird sie gefragt:

Ob sie also damahls schon im Hauß gewesen, wie die Inquisitin Brandin heimlich gebohren habe?
R: Ja. Sie wäre an dem ersten August nachmittags zwischen 3 und 4 Uhr eingegangen, und als sie die gewesene Magd Brandin noch im Hauß angetroffen, und gegen die Frau Bauerin sich geäußert, wann sie gewußt, daß die Magd noch im Hauß wäre, so wäre es ihr nicht auf 8 Tage angekommen, indeme sie bey ihrer Schwester unvertrieben seye, habe die Frau Bauerin erwiedert, ihre Zeit wäre aus und sie gienge heut noch fort.

Wie lange die Bauerin vorhero sie gedinget habe und ob sie sie auf diesen Tag einzugehen bestellet habe?
R: Ohngefehr 10 biß 14 Tage vorhero habe sie Comparentin bey derselben sich um den Dienst gemeldet und dieselbe ihr geantwortet, sie stünde ihr wohl an, sie könnte eingehen, wann das 4tel Jahr ihrer bißherigen Dienstmagd zu Ende.

Sie Comparentin habe hierauf, da sie noch keinen Miethpfennig gehabt, Montags vor ihrem Eingehen die Frau Bauerin durch ihres Vetters des Weinhändlers Hubers Magd fragen lassen, ob es mit dem Dienst seine Richtigkeit habe, indem sie sonsten sich um eine andere Gelegenheit umthun würde und die Frau Bauerin ihr hierauf den Miethpfennig geschicket und dabey sagen lassen, sie könte den Donnerstag als dem 1. August eingehen, welches sie dann auch gethan habe.

Ob die Bauerin auser ihr sonst keine Dienstmagd im Hauß gehabt habe?

R: Nein.

Was sich dann eigentlich an dem Abend mit der Inquisitin Brandin zugetragen habe, solle solches umständlich erzählen?

R: Sie wolle alles aufrichtig und mit gutem Gewissen angeben, was sie gesehen und gehöret, auch selbst mit der gedachten Brandin gesprochen habe. Als sie Comparentin in die auf der Erde befindlichen Küche, worinnen der Magd Bett stehe, gekommen und daselbsten die Brandin an einem Zuber stehen und waschen sehen, habe sie oben erwehnte Entschuldigung gemacht, nachgehends aber, da sie alleine bey der Brandin gewesen, sie mit folgenden Worten angeredet: Köchin, es get das übele Gespräch in der Stadt, daß ihr schwanger seyd, worauf dieselbe den Kopf gegen sie herum gedrehet, und gantz frech und höhnisch geantwortet habe, ich müßte viel s. v. Dreck haben, um denen Leuten die Mäuler alle zu stopfen, mit dem Zusatz: ich habe ein Aas zur Cameradin gehabt, die hat mir soviel Zorn gemacht, daß ich dadurch meine Ordinaire verlohren.

Sie Comparentin habe weiter in sie gesetzt, und sich unter anderen folgender Worte bedienet:

Wann es wahr ist, so bitte sie Gott, daß er ihr gute Gedanken verleihen wolle, ist es aber nicht, so waschen ihr die Leute dadurch viele Sünden ab, worauf die Brandin ihr aber weiter nichts geantwortet.

Nachdem diese indessen mit dem bischen Waschen fertig geworden und sie auf den Boden 4 Treppen hoch tragen wollen, habe sie Compar. sich angeboten, ihr zu helfen und mit zu gehen, sie aber selbiges nicht zugeben wollen, vorgebend, sie könnte es allein thun.

Weilen sie Compar. aber gern den Boden habe kennen lernen wollen, so seye sie ihr dann ohngeachtet nachgegangen, und habe auch würklich die Wasch aufhängen helfen, bey dieser Gelegenheit aber der Inquisitin nachmahlen zu Gemüthe geführet, kein Geheimniß von ihrer Schwangerschaft zu machen, mit dem Anfügen, sie wäre ja nicht die erste, und würde auch nicht die letzte seyn, diese aber versetzt: wann ich mit Mannsleuten einen Umgang gehabt hätte, so würde mich die Frau Bauerin nicht so lange im Hauß behalten haben.

Nach ihrer Zurückkunft von dem Boden habe die Inquisitin den Tisch gedecket, welches ohngefehr zwischen 7 und 8 Uhr gewesen seye, sie Compar. aber inzwischen Holtz in die Küche getragen, und als die Frau Bauerin zu Tisch gesessen, ihr Compar. geklagt, daß sie Leibwehe habe, und daß sie ihr gerathen, sie solte sich Thee holen lassen, und selbigen trinken, und nachgehends zu ihrer Schwester gehen, und sich ins Bett legen, habe sie geantwortet, das wolle sie auch thun, und sie Compar. gebeten, Wasser zum Thee aufzusetzen, mit dem Zusatz, sie hätte schon Thee und Zucker und brauchte keinen holen zu lassen. Da sie den Thee getrunken gehabt und Comparentin den Tisch der Frau Bauerin abdecken wollen, wäre dieselbe mittlerweilen aus der Küche weggegangen, und habe die Frau Bauerin, da sie gleich darnach in die Küche gekommen und nach der Brandin gefragt, die Worte ausgesagt: die Susann wird ja nicht fortgegangen seyn, ohne adieu zu sagen, und etliche Tage darnach habe die Frau Bauerin ihr erzählt, daß sie der Brandin in die eine Hand den Thee und in die andere den Zucker gegeben und ihr bedeutet habe, sie solte sich jetzt den Thee machen, und nachgehends fort zu ihrer Schwester gehen, und dieses seye alles, was ihr von der Sache bewußt.

7. Kapitel
Der Tatort Einhorn wird beschrieben

Wie sieht es am Tatort, im Gasthaus zum Einhorn aus? Im Protokoll der Criminalia findet sich eine präzise und exakte Beschreibung der Szene. Aber bevor wir der Beschreibung folgen, möchten wir ein paar kurze Bemerkungen über die Lage dieses Gasthofes der Witwe Bauer machen. Das „Einhorn" zählte in der Freien Reichsstadt Frankfurt nicht zu den bedeutenden und namhaften Häusern, von denen es übrigens eine ganze Reihe gab. (Darüber wird in den Erläuterungen im Anhang des Buches noch einiges gesagt.) Dafür spricht, daß nur eine Magd dort beschäftigt war, die für fast alles im Hause zuständig war, und davon zeugt auch die Lage des Gasthofes zum Einhorn: Er befand sich am östlichen Rande der damaligen Stadt und grenzte unmittelbar an die alte Stadtmauer an. Es mag in der Gegend gewesen sein, in der südlich der Konstablerwache heute noch ein Stück der alten Stadtmauer, der sogenannten Staufenmauer, mit ihren schönen runden Blendbogen erhalten ist. — Hier folgt nun die Beschreibung des Tatortes Einhorn, wie sie der Examinator Dr. Lindheimer nach einer Besichtigung am 7. Oktober 1771 gegeben und der Actuarius Rost, der ihn begleitete, niedergeschrieben hat.

Gleich bey dem Eintritt in das Thor, ohngefehr 10 Schritte davon entfernt, ist eine Treppe, die zu dem Vorderbau führet, und neben dieser die Thür in die Bierstube.

Aus der Bierstube geht eine Thür in die Bauerische Wohnstube, und aus dieser eine in die daneben befindliche Kammer, worinnen die Kinder schlafen, und aus der Kammer erst in die Küche, wo der Magd ihr Bett steht.

Die Fenster gehen insgesamt in den Hof, und das an der Küche ist mit eisernem Gegitter verwehret. Die Küche hat sonst keinen Eingang, wer also aus der Küche gehen will, muß durch die Kammer und der Gast=Wirthin Bauerin Stube gehen. Diese Bauerische Wohnstube aber hat eine Thür in den Hof, die damahls inwendig verriegelt war, und hart neben dieser Thür geht die Stiege am Hinterbau herunter. Unter dem Hinterbau ist ein Thor Weg und hinter diesem ein kleines Höfgen oder ein Winkel, worinnen rechter Hand oben an der Stadt Mauer die Wasch Küche, so nicht groß, und linker Hand der S. v. Mist, worauf die heimliche Gemächer gehen. Der Eingang zum Stall ist unter dem Thor Weg und der Stall sehr finster, und von der Bauerischen Wohnstube mögen es ohngefehr 30 biß 40 Schritte seyn.

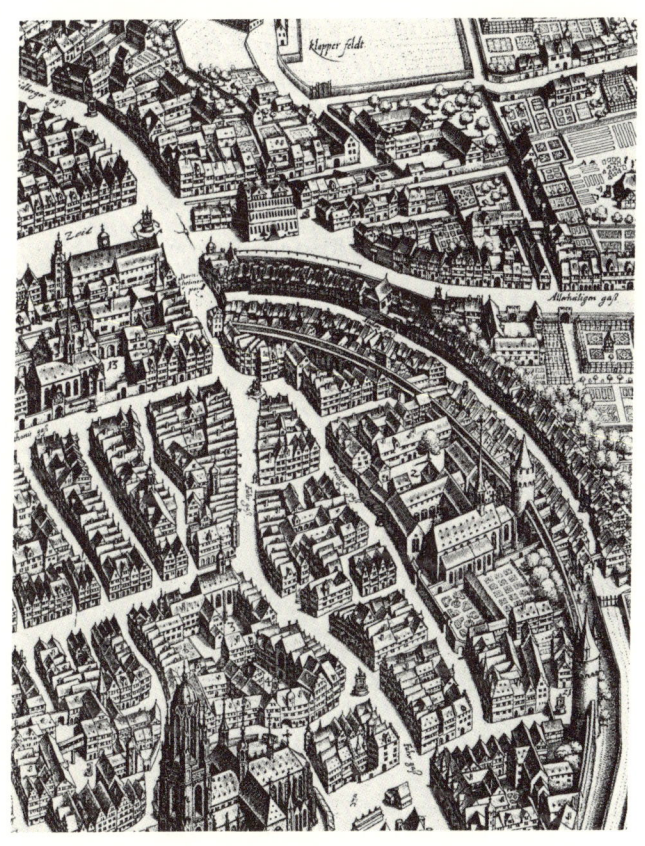

3. Das Stadtviertel um die Judengasse

An der Stadtmauer, hinter der
sich die Judengasse erstreckte (rechts im Bild),
lag das Gasthaus „Zum Einhorn",
in dem sich die Tragödie abspielte.

8. Kapitel
Eine Weibsperson namens Susanna Margaretha Brandt wird steckbrieflich gesucht

Was war also geschehen? Fassen wir noch einmal kurz zusammen, was nach den Zeugenaussagen im Protokoll bisher festgehalten ist: Am 1. August, einem Donnerstag, abends gegen 18 Uhr hält sich Susanna Brandt, die entlassene Dienstmagd, noch an ihrer bisherigen Arbeitsstelle, dem Gasthaus zum Einhorn, auf. Sie klagt über Leibschmerzen, erhält von ihrer Brotherrin Tee und Zucker und wird von derselben gegen 20 Uhr fortgeschickt. Susanna ist auch verschwunden, erscheint aber nicht, wie sie sollte, bei ihrer verheirateten Schwester. Gegen 22 Uhr wird Susanna von der alarmierten Schwester und der neuen Magd entdeckt. Sie sitzt auf der Stiege im Hinterhaus des Einhorns. Ihre Schwester nimmt sie mit, und Susanna verbringt die Nacht bei den beiden Schwestern in der Alten Gasse, einer Nebenstraße, die zur Konstablerwache führt und in der noch heute einige alte Häuser aus jener Zeit zu finden sind. Am andern Morgen aber, irgendwann nach 9 Uhr, ist Susanna verschwunden. Ihre Schwester macht von dem Vorgefallenen beim Bürgermeister der Stadt Meldung. Da ist es aber schon abends nach 9 Uhr am 2. August. Um die nächsten Anordnungen zu verstehen, müssen ein paar Worte über das damalige Frankfurt gesagt werden: Die Stadt zählte etwa 35 000 Einwohner und hielt sich in ihrer räumlichen Ausdehnung in verhältnismäßig sehr engen Grenzen. Sie ist von einer Stadtmauer und Wallanlagen umgeben und kann nur durch die bewachten Stadttore betreten oder verlassen werden. — Noch am Abend des 2. August also wird der Fahndungsapparat in Bewegung gesetzt, der Haftbefehl wird an den Stadttoren bekanntgemacht: Davon erfahren wir aus der ersten der zahlreichen Anlagen zur Kriminalakte, die als Dokumente unter den Buchstaben A bis Z und AA bis DD beigefügt sind. Die Schöffen kommen am 3. August zusammen, der Senat befaßt sich mit der Angelegenheit, und die ersten Zeugen werden — wie wir schon erfahren haben — vernommen. Die folgende Eintragung — als Beilage A in der Akte — trägt das Datum 3. August:

Verlase man Protocollum Löbl. officii Examinatorii de hodierno die wegen Kinder=Mords verdächtige und entwichene hiesige Gefreytens Tochter Susanna Margareth Brandtin betr.

Solle man dieselbe ohnverlangt mit Steckbriefen verfolgen, an den gewöhnlichen Orten austrommeln und deren Todt gefundenes Kind diesen Nachmittag im Beyseyn derer Hochgelahrten Physicorum u. von denen Chyrurgis juratis seciren lassen.

Die beiden Anordnungen des Senats werden unverzüglich ausgeführt. Davon berichten die Originalakten in den Criminalia: Zunächst der Rapport der Hauptwache vom 3. August 1771:

Auf Befehl S. T. des Jüngeren Herrn BürgerMeisters circulierte nachstehendes Schreiben, eine Weibs=Person betreffend Nahmens Susanna Brandtin, von hier gebürtig, circa 2 à 23 Jahr alt, trägt eine Berliner flanellenern gewürfelten Rock und braunlicht rothen kattunenen Jack, und einen weisen Schürtz, von Statur lang und schmal, welche im Betreffungsfall sogleich arretirt und dem Jg.H.Bgmstr. gemeldet werden soll.

Die Personenbeschreibung ist also am 3. August, nachmittags 3 Uhr, „mittelst Trommelschlag an den gewöhnlichen Plätzen" der Stadt bekanntgemacht worden. Der Rat der Stadt hat für Angaben, die zur „Habhaftwerdung" der beschriebenen Person führen, eine Belohnung von 50 Reichstalern ausgesetzt, und das ist damals eine Menge Geld gewesen.

9. Kapitel
Die Gesuchte wird verhaftet und sogleich vernommen

Die Trommelschläge, mit denen der Steckbrief der Susanna Brandt am Nachmittag des 3. August 1771 ausgerufen wurde, konnten noch kaum verklungen sein, als die steckbrieflich Gesuchte bereits festgenommen wurde, wie sie durch das Bockenheimer Tor — etwa in der Gegend des heutigen Opernplatzes gelegen — die Stadt wieder betreten wollte. Sie wird auf die Hauptwache gebracht, von da in das Gefängnis im Katharinenturm und auf Befehl des Jüngeren Bürgermeisters mit einer „Porte Chaise" ins Hospital geschafft, in ein „wohlverwahrtes Gefängnis". Das ist nachmittags nach 4 Uhr gewesen. Ferner ist vom Jüngeren Bürgermeister angeordnet worden, daß der Verhafteten im Hospitalgefängnis ein Bett und Verpflegung gereicht sowie eine Pflegerin — eine Wärterin nach damaligem Sprachgebrauch — gegeben werden soll. Und schließlich wird der Ratsschreiber Dr. Claudy beauftragt, Susanna Brandt im Hospital „ad protocollum" zu vernehmen. Das geschieht dann am folgenden Tag, 4. August nachmittags nach 5 Uhr, wie der Ratsschreiber am Kopf des Protokolls vermerkt hat. In der Einleitung zur Vernehmung steht die Bemerkung, daß Susanna Brandtin „anheute den Nachrichten nach etwas krank seyn soll". Wir können uns leicht vorstellen, daß dieses Mädchen — wir würden heute sagen — völlig fertig war, physisch und psychisch am Ende ihrer Kräfte. Das war ja wohl auch der Grund, weshalb sie der Bürgermeister ins Hospital bringen ließ. Aber darüber erfahren wir im Protokoll nichts, nur die knappe Bemerkung des Ratsschreibers gibt einen Hinweis. Nun, am 4. August also, an einem Sonntagnachmittag, wird die des Kindsmordes verdächtige Susanna Margaretha Brandt zum erstenmal vernommen. Was war inzwischen geschehen? Wo hat sie sich am 2. und 3. August aufgehalten? Die Vernehmung gibt darauf und auf andere Fragen Antwort:

quaest. 1

Wie sie heiße, wie alt, wessen Religion, woher und womit sie sich ernähret?

R: Susanna Margretha Brandtin, 24 Jahr alt, reformirter Religion, von hier und seye ihr Vatter bey hiesiger Garnison als Gefreyter gewesen, ihr Vatter und Mutter aber wären bereits gestorben, und habe sie bey der Frau Bauerin in dem Gasthauß zum Einhorn als Magd gedienet.

quaest. 2

Woher es komme, daß sie gegenwärtig in dem Hospital sich befinde?

R: An dem Bockenheimer Thor seye sie gestern nachmittag gegen 4 Uhr, als sie eben dem Thor hereingehen wollen, von der Wacht arrestiret, von da auf die Hauptwacht, so dann auf den Catharinen Thurm und gegen 5 Uhr mit einer Porte Chaise anhero gebracht worden.

Sie seye am Donnerstag Abend gegen acht Uhr in der Wittib Bauern Wasch-Küche, wohin sie Asche bringen wollen, wie ihre gantz neue und eben an diesem Tag in den Dienst getretene Cameradin Margaretha wohl wüßte, von denen Wehen stark überfallen worden, sie habe zugleich einen Frost bekommen und bey diesen Umständen seye das von ihr auf den mit steinernen Platten belegten Boden der Wasch-Küche von ihr geschossen.

quaest. 3

Wie lange sie schwanger seye?

R: Das könne sie nicht sagen, weilen sie es nicht gewußt.

quaest. 4

Wie lange es seye, daß sie ihre ordentliche Reinigung nicht gehabt?

R: Sie könne nicht leugnen, daß sie mit einem im Gasthaus zum Einhorn einlogirten Holländer dessen Nahmen sie nicht wisse, gegen abgelaufenes Weynnachtsfest den Beyschlaf ausgeführt, sie habe aber den andern Tag annoch ihre ordentliche Reinigung gehabt, aber den Tag darauf, als ihre Frau mit ihrer Cameradin und auch mit ihr gezankt und sie des Nachts 12 Uhr zum Teufel zu gehen geheisen, wiederum verlohren und nicht wiederbekommen.

quaest. 5

Ob sie dann nachhero kein Leben des Kindes, keine Wehen oder Leibesschmertzen empfunden und auch nicht wahrgenommen, daß ihre Brüste dicker worden?

R: Sie habe weder Schmertzen bis zu ihrer Entbindung noch ein Leben des Kindes bey sich verspühret. Das aber habe sich bey ihr zugetragen, daß etwas hartes, wie ein Stein, dann auf die linke, dann auf die rechte Seite gefallen, von welchem sie nicht gewußt, daß es ein Kind gewesen, ansonsten würde sie es ihrer Frau und ihren Schwestern, welche sie vor etwa vier Wochen etliche mahl visitiret, und schwanger zu sein geglaubet, sogleich angezeiget haben.

quaest. 6

Wer bey ihrer Niederkunft zugegen gewesen?

Es seye niemand bey ihr gewesen.

quaest. 7

Warum sie dann niemanden dazu genommen oder gerufen?

R: Die Waschküche seye weiter hinter dem Hauß gelegen, sie seie matt gewesen und die Schmertzen hätten sie so schnell überfallen, daß sie nicht mehr rufen können.

quaest. 8

Wohin sie das Kind aus der Bauerischen Wasch-Küche gebracht habe?

R: Als das Kind von ihr geschossen auf die Erde, habe sie dasselbe von der Erde unter dem Halß aufgehoben. In dem Halß habe es etwas gerößelt, sonsten habe sie aber kein Leben an demselben verspühret, wie sie sich dermahlen noch erinnere. Sie habe es hierauf in den Stall getragen und mit etwas Heu und Stroh bedeckt, worauf sie sich eine zeitlang im zweyten Stock des Bauerischen Haußes auf die Treppe gesetzt und biß nach 10 Uhr daselbsten sitzen blieben. Ihre Frau habe sie nach ihr fragen hören, sie habe aber von der Stiege nicht durch die Küche, wodurch sie habe gehen wollen, weilen diese Thür verrügelt seye, gehen können, biß sie einer vorbeygehenden Jüdin Hündge, welche im Hauß logire, gerufen, welche ein, in der Bierstube sitzenden Judenknecht Bonum gerufen, welcher dann auch kommen und die Küchen aufgeriegelt, worauf sie in ihre Küche wiederum gegangen. Der Jude Bonum habe der Bauern angezeigt, daß sie wiederum in der Küche seye, und wäre sowohl ihre Frau als ihre Schwester hinter denen Predigern und zu ihr gesagt: sie sollte, biß ihr besser wäre, nach Hauß gehen, und hierauf seye sie mit ihrer Schwester, die den Schreiner Johann Baptista Hechtel zum Ehemann allhier habe, zu der auf der alten Gaße wohnenden Schwester gegangen und sich schlafen geleget. Des andern Tags morgens gegen 10 Uhr habe sie sich angezogen und habe sie die Angst fortzugehen genöthiget. Sie seye denselben Tag biß nach Höchst gegangen und daselbsten mit dem Mayntzer Marktschiff nach Mayntz abgefahren, im Wirthshauß zum Hirsch habe sie geschlafen, des andern Tags früh seye sie wiederum vor Angst mit dem Marktschiff nach Höchst gefahren, von da aber wiederum zu Fuß anhero gegangen, und an dem Bockenheimer Thor seye sie im hereingehen angehalten worden.

quaest. 9

Wer die Nabel-Schnur abgelöset und die Nachgebuhrt geholet habe?

R: Es seye sehr dunkel gewesen. Sie habe alles dieses nicht gesehen. Es seye alles gleich abgefallen, sie habe nicht gewust, was es seye und daher auch liegen laßen.

quaest. 10

Ob sie nicht aus dem Beyschlaf und der ausgebliebenen Reinigung vielmehr urtheilen können, daß sie sich schwanger befinde?

R: Nein, sie habe alles dieses nicht gewußt; denn wann sie hätte wißen sollen, daß sie davon schwanger wäre, so seye sie längst zu einer ihrer Schwestern gegangen und daselbsten niedergekommen.

quaest. 11

Ob sie ansonsten etwas vorzubringen habe?

R: Nein. Sie wünschte, daß sie diesen Tag die Asche habe stehen laßen, so würde sie nicht in die so entlegene Waschküche geraten und das Unglück geschehen seyn. Ihre Cameradin solte eigentlich die Asche dahin tragen haben, die aber habe diese Waschküche noch nicht gewußt.

In fidem
Lt. Claudy

10. Kapitel
Der Sektionsbefund des Neugeborenen konstatiert Gewaltanwendung

Susanna Brandt ist am 4. August verhört worden. Am 3. August bereits ist das tote Kind, das im Gasthaus zum Einhorn gefunden wurde, auf Anordnung der Schöffen seziert worden. In einem fünf Seiten langen Sektionsbefund haben die Ärzte — Stadt-Physici und geschworene Chirurgi — das Ergebnis niedergelegt. Darin sind Einzelheiten der chirurgischen Eingriffe beschrieben, die zeigen, wie genau es die Ärzte genommen haben mit der Untersuchung. Die Luftröhre wurde bloßgelegt, Lunge und Herz wurden herausgenommen, der Unterleib geöffnet und die Haut von der Hirnschale abgelöst. Wir wollen dem Leser die Details ersparen und nur Anfang und Schluß des Sektionsberichtes zitieren.

Das Kind, welches ein Knäbgen und ausgetragen war, hatte, nachdem es von dem an dem Leibe anklebenden Blut gesäubert worden, äußerlich keine Zeichen einer angehenden Fäulniß. Die Nabelschnur war abgeschnitten, frisch, ohnverbunden. und nur 1 1/2 Zoll lang. An den Augen, dem Untertheil der Nase, auf beiden Backen und unter dem Kinn befanden sich viele kleine und auch zum Theil einen halben Zoll große ungleich runde sugillirte[1] und abgestreifte Flecken der Haut. Insbesondere war an der Kehle ein solcher, den Halß wie ein halber Zirkel umgebender schwarzblauer Streif. Unter dem rechten Armgen, auf den Rippen zeigte sich eine runde, und im Durchschnitte eines halben Zoll großen Verwundung der Haut. In inguine sinistro[2] befande sich ebenfalls eine, einer Linse große und runde Oefnung der Haut ... Zufolge dieser angegebenen großen und vielfältigen Verletzungen des corporis delicti, welche durch einen Sturtz des Kindes auf den Kopf in der Geburt nicht entstehen können, und nach Maßgabe der

[1] = blutunterlaufene.
[2] = an der linken Hüfte.

ohnumstößlichen Gründe der Artzney-Gelahrheit, ist auser allem Zweifel, daß dieses Kind völlig Athem geschöpfet, mithin vollkommen gelebet, und in diesem Zustande, durch Zerschmetterung der Beine des Kopfes, und die dabei geschehene große Verletzung des Hirns, nothwendig sein Leben sogleich habe verliehren müßen. Urkundlich unserer eigenen Unterschrift. Frankfurt 3ten Aug. 1771.

Unterzeichnet ist der Bericht von Dr. Gladbach, P. B. Pettmann, J. Grammann, Joh. Georg Giese, Joh. Christoph Behrends, Johann Jacob Parrot, Carl Friedrich Meyer, Joh. Michael Gayser, Johann Lorenz Bucher. Am Schluß steht eine Bemerkung des Ratsschreibers Dr. Claudy: Vorstehender Section hat unterzeichneter beygewohnet. So geschehen eodem. Lt. Claudy

Das Neugeborene, das von den Ärzten seziert wurde, ist anschließend begraben worden. Susanna Brandt war zu diesem Zeitpunkt — am frühen Nachmittag des 3. August — noch gar nicht festgenommen worden. So konnte sie auch nicht, wie das vorgesehen war, mit dem Kind konfrontiert werden. Nun aber, nachdem man die mutmaßliche Kindsmörderin verhaftet hat und bei der Sektion zu dem Ergebnis gekommen ist, daß das Kind wahrscheinlich durch Gewaltanwendung ums Leben kam, geschieht etwas Unfaßbares: Durch ein Schöffen-Dekret wird verfügt, daß das Kind wieder ausgegraben und der Arrestierten „ad recognoscendam vorgezeiget und sie über die im Sections-Bericht angegebenen Umstände näher ad protocollum constituiret werden solle". Das soll der Ratsschreiber Claudy übernehmen. Die den Prozeß Führenden, pedantisch genau, schrecken in ihren Methoden vor nichts zurück, wenn dabei nur die Wahrheit, wie sie meinen, ans Licht kommt. Das zeigt sich auch bei anderen Gelegenheiten. Auch von der Folter und der Angst vor der Folter ist die Rede. Aber davon später.

11. Kapitel
Susanna wird mit dem toten Kind konfrontiert und wieder verhört

So geschieht es. In der Amtsstube des Hospitals wird Susanna Brandt das tote, bereits sezierte und wieder ausgegrabene Kind vorgezeigt. Ein solches Verfahren wird kaum ein unbeteiligter, gesunder Mensch aushalten können. Wie wird das kranke und verzweifelte Mädchen Susanna Brandt darauf reagieren?

Diese Frage hat sich damals sicher niemand gestellt. Man war einzig und allein darauf bedacht, ein Geständnis zu bekommen, das halbe Eingeständnis vom Tage zuvor genügte wohl nicht. Und so ist es in den Kriminalakten protokolliert:

Actum Frankfurth, Montags den 5ten August 1771. Nachmittags im Hospital.

In Gemäsheit des anheute ergangenen verehrl. Schöffen Decreti, hat man das bereits vor der Arretierung der Inquisitin secirt und begraben gewesene von ihr gebohrene Kind hinwiederum ausgraben lassen und derselben solches anjetzo vorzeigen wollen:

In dieser Absicht wurde die Inquisitin aus ihrem Gefängniß in die HospitalAmtsStube gebracht und derselben das jetzt gedachte Kind durch die Hospital Mutter Seldern vorgeleget, und die Inquisitin befraget:

1) Ob das ihr hiermit vorgezeigte Kind von ihr zur Welt gebracht worden?

R: Ja, Es seye das von ihr gebohrene Kind männlichen Geschlechts.

P. N. Bey Vorzeigung des Kindes wurde Inquisitin bald weiß bald roth und rufte dabey zu verschiedenen mahlen aus Herr Jesus, Herr Jesus. Ja das ist mein Kind, ich habe keine Hand daran geleget.

Hierauf hat man sie nach Anleitung des herbey gekommenen visi reperti weiter befragt:

2) Wer die Nabelschnur abgeschnitten habe?

R: Sie seye abgefallen.

3) Warum sie solche nicht gehörig verbunden?

R: Sie habe solches nicht verstanden.

4) Woher die braune Flecken an ihres Kindes beyden Bakken, an Augen, an dem Untertheil der Nase, und unter dem Kinn gekommen?

R: Sie wüßte nicht, wie solches seye eigentlich zugegangen. Sie habe dasselbe, als es auf die Erde geschossen, an den Augen, Nase, Backen, Kinn und Halß mit den Händen in die Höhe gehoben, und ob sie zugleich mit ihren Händen dem Kind habe wehe gethan, könne sie nicht wissen.

5) Wie es dann gekommen, daß an diesen Theilen die Haut seye abgestreift gewesen, sie solte demnach vielmehr gestehen, da ein solches ohne zugefügte Gewalt nicht geschehen könte, daß sie Gewalt gebraucht haben müßte?

R: Sie müßte gestehen, daß sie mit ihren Händen Gewalt an ihr Kind geleget.

6) Wie sie dann solches gemacht habe?

R: Wie das Kind bereits auf der Erde gelegen habe sie dasselbe mit der rechten Hand an seinem Hälsgen hart gehalten, mit der linken aber an das Kinn, Auge, Backen, und Nase gegriffen, und mit ihren Finger Nägeln so zugerichtet.

7) Warum sie dann solches gethan habe?

R: Sie habe die Absicht gehabt, dasselbe umzubringen, als wozu sie der Teufel verblendet.

8) Es seye an ihrem Kind auch annoch wahr zu nehmen gewesen, daß um den Hals eine schwartz blaue Striefe sich befunden, solte demnach sagen, woher diese rühre?

R: Das müste ebenfalls von der Gewalt ihrer Hände herrühren, welche sie nach äußersten Kräften an demselben verübet.

9) Woher die unter dem rechten Aermgen des Kindes auf der Rippen sich gefundene Verwundung der Haut herkomme?

R: Sie habe das Kind unter dem rechten Arm nach dem Stall getragen, woselbst sie es mit Heu und Stroh zugedecket.

10) Woher die an ihres Kindes linken Ober=Schenkel sich befundene Oeffnung der Haut entstanden?

R: Sie habe kein Messer, Schere, Nagel, oder dergleichen spitzige Sachen gebrauchet, sondern als sie das Kind in der Waschküche von dem Boden aufgehoben, habe sie dasselbe in das daselbst gestandene leere Aschenfaß legen wollen, das Kind aber seye mit dem einen Fuß hangen blieben, und weilen sie wahr genommen, daß in diesem Faß zerbrochene Bouteillen gelegen, hätte sie das Kind wiederum herausgezogen, und in den Stall getragen, wobey es dann geschehen seyn könte, daß ihres Kindes Fuß durch das Faß seye beschädigt worden.

11) Ob dann das Faß voll zerbrochener Bouteillen gewesen?
R: Nein. Es hätten sehr wenige darinnen gelegen.

12) Woher es dann gekommen, daß ihres Kindes Kopf äußerlich so schwartz und braun ausgesehen?
R: Sie habe bey dem Niederlegen des Kindes in dem Stall nicht gewußt, daß sie so nahe an der daselbst befindlichen Wand seye, und dadurch seye es gekommen, daß wegen Dunkelheit der Nacht sie mit dem Kopf des Kindes wieder die Mauer gestosen seye.

13) Wie es denn eigentlich zugegangen, daß die Hirn Schale des Kindes, oberentheils in so viele Stücke zerbrochen gewesen?
R: Die rauhe Mauer und die in derselben befindliche spitze Steine, so dann die geschwinde Geburt, und der Schuß des Kindes auf die Erde in der Wasch=Küche müsten hieran allein Schuld gewesen seyn.

14) Ob sie nicht vielmehr gestehen müsse, daß alle diese an des Kindes Kopf sich geäuserte Beschädigungen mit vielem Vorsatz von ihr seyen verursachet worden?
R: Nein. Sie habe das Kind nicht mit Vorsatz an dem Kopf beschädiget. Es seye ihr auch das Kind, als sie es aus der Wasch=Küche nach dem Stall tragen wollen, aus der Hand geklitscht und auf die Treppe gefallen, welches sie wieder aufgehoben, und nach dem Stall getragen. Denn damahl habe das Kind, soviel ihr wissend, nicht mehr gelebet.

15) Woher es dann gekommen, daß der hintere Theil des Kopfes nach dem Nacken zu schwartz blau ausgesehen habe?
R: Als sie aus der Waschküche mit dem in der Hand habenden Kind nach dem Stall durch den Hof gehen wollen, seye sie mit demselben über eine daselbst im Hof gestandene Kutschen=

deichsel auf die Erde gefallen, wovon dieser schwartz blaue Flecken herrühren müsse.

16) Was sie dann mit dem obere Theil der Luftröhre, dem Kinn und Halß des Kindes angefangen, daß dieselbe mit Blut unterlaufen gewesen?

R: Sie wisse nichts anders, als daß solches durch die angewandte Gewalt ihrer Hände und Finger Nägel herrühren müsse.

17) Ob sie nicht gestehen müsse, daß sie durch das allzu harte Halten ihres Kindes an dem Hals dasselbe habe erdrosseln oder ersticken, und somit demselben das Leben nehmen wollen?

R: Sie könne nicht leugnen, daß sie solches in der Absicht so angepacket, damit es nicht schreyen sondern ersticken solte.

18) Ob sie noch sonsten etwas auf dem Hertzen habe und anzeigen wolle?

R: Nein. Sie wisse nichts mehr.

19) Wie sie nun solche üble That vor Gott und dem weltlichen Richter zu verantworten getraue?

R: Sie wisse solche große Missetat nicht anders zu verantworten, als Gott um Verzeihung und die Weltliche Obrigkeit um eine gnädige Strafe zu bitten.

Facta precl. hat man das protocoll geschlossen, und die Inquisitin wieder in ihr Gefängniß bringen lassen.

In fidem Lt. Claudy

12. Kapitel

In der Waschküche
werden Blutflecken entdeckt

Am Montag, 5. August 1771, begibt sich der Amtsschreiber Rost auftragsgemäß in das Gasthaus zum Einhorn. Er soll sich am Tatort umsehen und nach verdächtigen Spuren suchen. Es ist der gleiche Zeitpunkt, zu dem auch Susanna Brandt zum zweitenmal verhört und ihr das tote Kind vorgezeigt wird. Offenbar ist man bemüht festzustellen, ob die Aussagen der mutmaßlichen Täterin und die Spuren am Tatort miteinander in Einklang zu bringen sind. — Hier ist der Bericht:

Dem mir Endes gesetzten grosgünstig ertheilten Auftrag zu Folge habe ich mich gestern Nachmittag in das Gasthauß zum Einhorn bey die Wittib Bauerin begeben und daselbsten in der gantz hinten an der StadtMauer gelegene WaschKüche auf einem auf der Erde gelegenen Scheid Holtz und auf dem Stiel eines daneben gelegenen höltzernen Klötzer Klippel einige grose Blutflecken, wie nicht minder dergleichen an einem dabey gestandenen tannenen leeren Faß wahrgenommen, in dem unter dem hintersten Bau befindlichen mehr gedachten Stall aber habe ich, ohngeachtet in selbigen mit einem Licht mich genau umgesehen, weder an der Mauer, PferdsKrippen noch auf dem Boden Blut finden können.

Ein solches habe nach meinen Pflichten gehorsamst berichten sollen. Franckfurth den 6. Aug. 1771.

Johann Joachim Rost, actuar. jur. Officii Examinatoris.

13. Kapitel

Im dritten Verhör berichtet Susanna, wie sie verführt wurde

Nach den beiden Vernehmungen am 4. und 5. August tritt für Susanna Brandt eine Schonfrist ein. Sie muß sie bitter nötig gehabt haben nach allem, was vorangegangen. Sie befindet sich im Hospital, wenn auch im „Gefängnis" des Hospitals. Das dürfen wir uns nicht als ein Gefängnis mit Zellen und Wärtern vorstellen — ein Gefängnis in diesem Sinne gab es im Frankfurt jener Zeit überhaupt nicht. Aber Susanna wird doch in einem besonderen, abgeschlossenen Raum des Hospitals untergebracht worden sein. Die Krankenpflegerin, die sie anfangs dort betreute, wurde nach kurzer Zeit wieder abgerufen. Am 11. September meldet die Hospitalpflegerin Seldern, daß sich Susanna Brandt nicht wohl befinde und der Dr. Gladbach ihr einen Aderlaß verordnet habe.

Daraufhin beschließen die Schöffen, das Gefängnis im Hospital sogleich zu öffnen, der Inquisitin für diese Zeit aber zwei Mann als Bewachung beizugeben, bis der Aderlaß völlig geheilt sei. Dr. Gladbach wird beauftragt, um die Wiederherstellung der Gesundheit der Susanna Brandt besorgt zu sein, und ferner soll „wann es der Herr Doktor vor gut hält, die Wärtherin — das ist nach damaligem Sprachgebrauch die Pflegerin — wiederum biß zu ihrer Gesundheit beygegeben werden".

Unter dem Datum des 28. September wird berichtet, daß Susanna Brandt zur Zeit zwar noch nicht wieder in ihrer Gesundheit völlig hergestellt, daß sie aber sehr wohl transportfähig sei. Der Herr Spitalmeister lasse daher gar sehr bitten, sie aus dem Hospital weg und an einen andern Ort bringen zu lassen. Man ist, wie stets, auch jetzt korrekt und fragt beim Dr. Gladbach an, der gegen eine Umquartierung offensichtlich nichts einzuwenden hat. In der »Kranken-Porte-Chaise« wird Susanna auf den Katharinenturm in das sogenannte Weiberstübchen getragen. Man läßt ihr aber, »da sie noch mediciniret«, das Bett und die warme Kost, woraus man wohl schließen muß, daß sie bei völliger Gesundheit kein Bett, sondern eine Pritsche, und kein warmes Essen bekommen hätte.

Schließlich ist der Zeitpunkt gekommen: Susanna kann wieder verhört werden. Einige Fragen sind ja noch zu klären, und offenbar hat es auch Widersprüche gegeben in den Aussagen.

Wir geben das Protokoll dieses dritten Verhörs vom 8. Oktober ungekürzt wieder, zumal es auch neue und interessante Informationen enthält, zum Beispiel über den Vater des ungewollten Kindes der Susanna. – In der einleitenden Bemerkung des Protokolls vom 8. Oktober wird festgestellt, daß Susanna Margaretha Brandt »nunmehro völlig wiederum genesen seye und nach Aussage des Herrn Physici prim. Dr. Gladbachs ohne Bedenken in das Verhör gebracht werden könne«. Unter militärischer Bewachung — »per milites« heißt es im Protokoll — wurde Susanna vor Amt gebracht und verhört. Gleich die erste Frage kommt direkt zur Sache:

71) Von wem sie geschwängert worden, und zu welcher Zeit?

R: Von einem holländischen Kaufmanns Diener, der im Hauß logiret, desselben Nahme ihr aber unbekant, und seye der Beyschlaf, sowie sie sich erinnere, 3 bis 4 Wochen vor Weynachten gewesen.

72) Ob sie durch Worte oder Verheißungen zum Beyschlaf beredet worden, oder freywillig darinn gewilligt habe?

R: Er hätte ihr etliche Gläser Wein zu trinken gegeben, wodurch sie dergestalten in die Hitze gekommen, daß sie seinen Ausfällen nicht wieder stehen können, so daß er sie auf das Bett gezerret, und daselbsten die Unzucht mit ihr getrieben, und wäre es nicht anders gewesen, als ob er ihr etwas in den Wein gethan. Gegeben und versprochen aber habe er ihr weiter nichts.

73) Wo der Beyschlaf eigentlich geschehen, und wie oft derselbe wiederholet worden?

R: In dem Zimmer, worinnen dieser fremde Mann logieret, und wäre der Beyschlaf nur das einige mahl geschehen, auch habe sie sonst mit keinem Mannes Mensch jemahls was zu schaffen gehabt.

74) es seye nicht glaublich, daß sie durch den einen und zwar den ersten Beyschlaf geschwängert worden, man wolle sie also erinnert haben, auch hier die Wahrheit zu gestehen und nichts zu verschweigen.

R: Sie müßte gestehen, daß sie an dem Tag, wie er ihr den Wein zu trinken gegeben, mehrmahlen mit ihm zu thun gehabt, und er zu drey verschiedene mahlen ihr beygewohnet habe, jedoch habe sie den folgenden Tag darauf ihre Ordinaire bekommen, Abends aber, da die Frau Bauerin mit ihrer Cammeradin gezankt, und nachgehends auch gegen sie unwillig geworden, und sie zum Teufel gehen heißen, hätte sie sich so darüber geärgert, daß ihre Ordinaire ausgeblieben, und sie nicht anders geglaubt, als daß der Zorn die Ursache davon seye.

75) Wie lang dieser Holländer im Hauß logieret habe?

R: Sechs Tage.

76) Ob sie dann nachgehends nicht mehr mit ihm zu thun gehabt und warum?

R: Nein. Er habe sie gehen lassen und sie auch keine Gelegenheit gesucht, ihm dazu Anlaß zu geben, seye auch die folgende Tage, und zwar nur einmahl beym Bettmachen in sein Zimmer gekommen.

77) Wann sie es empfunden, daß sie schwanger seye?

R: Nach der Oster Messe dieses Jahres habe sie das Leben des Kindes in ihrem Leib gespühret, und zwar so als ob ein Stein von einer Seite auf die andere gewelzt würde, sie hätte aber nichts sagen können, und wäre ihr nicht anders gewesen, als wann ihr das Maul zugebunden wäre, sonsten sie nicht in dieses Unglück kommen seyn würde.

78) Ob und weme sie etwa ihre Schwangerschaft vertraut habe?

R: Keinem Menschen nicht.

79) Warum sie dann solches verborgen und in das Geheim gehalten habe?

R: Der Satan habe sie verblendet und ihr gleichsam das

Maul zugehalten, daß es ihr nicht möglich gewesen, etwas zu gestehen, da sie doch sowohl von der Frau Bauerin als von ihren Schwestern öfters deshalb zur Rede gesetzt worden.

80) Ob und wie lang sie des Vorhabens gewesen, das Kind umzubringen?

R: Sie könne nicht läugnen, daß von der Zeit an, als sie das Leben des Kindes verspühret, der Satan ihr in den Sinn gegeben habe, daß sie in dem grosen Hauß leicht heimlich gebähren, das Kind umbringen, verbergen und vorgeben könne, daß sie ihre Ordinaire wieder bekommen. Als sie Samstags vor ihrer heimlichen Geburt oben auf dem Boden 3 Stiegen hoch, woselbsten ihr Schwager der Schreiner Hechtel einen Unterschlag machen müssen, den Boden kehren wollen, habe ihr auf einmahl der Satan in den Sinn gegeben, sie solte sich dem grosen Gaubloch hinunterstürtzen, worüber sie aber ein Schauer überfallen, so daß sie den Besen hingelegt und ohnverrichteter Sache hinunter gegangen seye, auch ein Zittern am gantzen Leib verspühret habe.

81) Ob sie während der Schwangerschaft ihren Schwängerer nicht wiederum zu sehen bekommen?

R: Nein. Da er am ersten Abend nach 7 Uhr in das Hauß gekommen, wie der Nacht-Zettel schon fort geschickt gewesen und sie nach der Hand um seinen Nahmen nicht gefragt, wisse sie nicht, wie er heisse, noch weniger, wo er her seye, könne auch selbsten nicht schreiben, und habe auch durch niemand anders bey diesen Umständten schreiben lassen.

82) Ob sie von jemand der Schwangerschaft halber bezichtigt worden, und von weme?

R: Ja. Schon in der dritten Woche der abgewichenen Oster Messe habe ihre Schwester Hechtelin in der Bauerischen Behausung und zwar unten im Hof gantz allein zu ihr gesagt, die Leute sprächen, sie wäre schwanger, sie aber derselben geantwortet: sie wäre es nicht und habe mit keinem Manns Menschen zu thun gehabt, ihre Ordinaire aber wäre ihr ausgeblieben, indem sie mit der Frau Bauerin einen Zanck gehabt. Bald darauf habe ihre Brodtherrin die Frau Bauerin ihrer Schwester Königin, als dieselbe an einem Sontag Morgend weise Wasch ins Hauß gebracht — es fiele ihr eben bey, daß es an dem Sontag 14 Tage nach der OsterMesse gewesen seye, als sie von der Frau Bauerin und ihren beyden Schwestern der Schwangerschaft halber zur Rede gesetzt und von der Hechtelin visitieret worden — von dem Gespräch der Leute wegen ihrer Schwangerschaft Nachricht gegeben, und diese, daß sie Mittags wieder kommen und im Beyseyn der Schwester Hechtelin und der Frau Bauerin sie examiniren wolte, die Zusage gethan, und dieses seye auch Nachmittags folgender masen geschehen: sie wäre nehmlich mit der Frau Bauerin und besagten ihren beyden Schwestern Hechtelin und Königin oben in ein besonder Zimmer gegangen, woselbsten ihre Schwestern sie scharf befragt, sie solte es gestehen, wann sie schwanger seye, sie wäre ja nicht die erste und würde auch nicht die letzte seyn, sie Inquisitin aber habe nichts gestehen wollen, sondern beständig vorgegeben, ihr etwas dicker Leib rühre von der verstopften Reinigung her.

Ja, sie habe sich auch von ihrer Schwester Hechtelin, welche mit ihr in eine besondere Kammer gegangen, daselbst sie sich ausgekleidet, visitiren lassen, und die Hechtelin nichts von einer Schwangerschaft finden können, sondern selbsten die Härte ihres Leibes von verstopftes Geblut von der Reinigung gehalten, und dieses soviel sie wisse, auch ihrer Frau hinterbracht, welche bald darauf, da der Herr Dr. Metz ohnehin zu ihr gekommen, mit ihm ihrer Inquisitin Umstände halber gesprochen, auch sie Inquisitin Tags darauf zu ihm geschickt, um etwas wegen des ihrer Frau verschriebenen recepts sich zu erkundigen, bey welcher Gelegenheit er sie befragt habe, ob sie dann nicht schwanger seye, ihr Urin sehe gleichwohl nicht zum besten aus, doch könne man sich nicht darauf verlassen und leicht jemand Unrecht thun, und als sie ihm versichert, daß sie nicht schwanger wäre, habe er ihr einen Trank verschrieben, welchen sie zwar machen lassen, aber nur einmahl genommen habe, weilen er ihr so garstig geschmeckt.

Einige Zeit darauf, und zwar ohngefehr 4 biß 5 Wochen vor ihrer Niederkunft habe ihre Schwester die Hechtelin ihr zu zweymahlen ihren s. v. Urin unter dem Vorgeben, daß eine sichere Frau ihr einen Umschlag vor ihren dicken Leib daraus kochen wollen, abgefordert und erhalten, und wie Inquisitin nachgehends erfahren, selbigen zum Herrn Dr. Burggraff getragen, der ihr auch 10 Pulver verschrieben und eine Aderlass am Arm angeordnet habe.

Die Pulver habe sie selbst aus der Apothec geholet, auch nach und nach ordentlich gebrauchet, imgleichen den Tag darauf, als ihre Schwester von dem Herrn Dr. Burggraff zurückgekommen, nehmlich an einem Sontag am Arm zur Ader gelassen.

84) Ob sie dann geglaubt, dass die gebrauchte Pulver und Aderlass ihr etwas helfen können, und was eigentlich?

R: Nein. Sie hätte, da sie das Leben des Kindes verspühret, wohl gewust, dass ihr die Pulver nicht helfen und auch nichts schaden würden, und sie nur gebrauchet, um ihre Schwestern recht sicher zu machen.

85) Ob sie nicht bey der vorerzählten Zurredesetzung in der Bauerischen Stube eine Stiege hoch sich sehr vergessen und unter andern die Worte ausgestosen: Das schwehre Gewitter, welches zu der Zeit eben am Himmel gewesen, solle sie in den Erdboden schlagen, wann sie schwanger seye?

R: Sie wolle ihr Hertz gantz frey haben und nichts verschweigen, es verhielte sich deme also.

86) Ob sie nicht weiter hinzugesetzet, sie hätte weder mit einem Christen noch mit einem Juden zu thun gehabt?

R: Ja.

87) Ob ihre Brodtherrin ihr den Dienst vorhero aufgesagt, und wann eigentlich?

R: Samstags vor dem ersten August, als ihr Schwager, der Schreiner Hechtel eben im Hauss gearbeitet, habe die Frau Bauerin demselben im Vertrauen eröffnet, dass sie eine Magd gedungen, ihr Inquisitin aber nichts davon gesagt, aber welches sie auch vorhero schon mit ihren Mägden zu thun gewohnt gewesen, indeme sie keine vorhero aufgesagt, sondern sie nur fortgeschickt habe.

Den selbigen Samstag Abend noch habe ihre Schwester die Hechtelin sich bey der Frau Bauerin darüber beschwehret, dass dieselbe sie vor der Mess fortschicken wolle, diese aber geantwortet, sie solte nur etliche Woche ihrer Gesundheit pflegen, sie wolte sie die Messe wieder nehmen, damit sie die Trink-Gelder einnehmen könte, und den folgenden Morgend habe sie Inquisitin die Frau Bauerin ebenfalls befragt, ob es wahr, daß sie eine Magd gedinget habe, und ihr dabey eröffnet, sie gienge absolut nicht vor der Meß aus ihrem Hauß, indeme sie die gantze Zeit über bey einem geringeren Lohn sich alleine behelfen müssen und also auch das Meß Trinkgeld wohl verdienet habe, worauf dieselbe ihr auch die nehmliche Antwort gegeben habe; und Donnerstags Morgends als den ersten August ihr den Rest des Lohns mit 30 Kreuzer zugestellet, mit dem Bedeuten, daß die neue Magd heute eingehe, und sie sich zu ihrer Schwester begeben könne.

88) Um welche Zeit sie dann eigentlich von der Bauerin fortgeschickt worden?

R: Sie habe Nachmittags noch etwas Geräth gewaschen, und da es ihr Abends gegen 8 Uhr nicht recht wohl geworden, habe sie der Frau Bauerin geklagt, daß sie ihre Ordinaire wieder bekommen, worauf dieselbe ihr etwas Thee gegeben, und sie sodann nach getrunkenem Thee zu ihrer Schwester zu gehen und sich daselbst etliche Tage still und ruhig zu halten angewiesen habe. Als sie nun gegen 8 Uhr die Asche nach der Waschküche tragen wollen, seye sie auf einmahl von den Wehen dergestalten überfallen worden, daß sie die Asche bey der Waschküche im Hof in der Geschwindigkeit hingesetzt, die Thür in der Waschküche hinter sich zugemacht und während eines heftigen überfallenen Frostes das Kind zur Welt gebohren. Das Kind wäre von ihr auf die Platte auf die Erde geschossen und gleich darauf auch die Nachgeburt gefolget, da ihr dann der Teufel in den Sinn gegeben, Hand an ihr eigen Fleisch und Blut zu legen und das Kind umzubringen.

Dieses seye auf folgende Art geschehen: Sie habe nehmlich, sobald das Kind auf der Erde gelegen, selbiges mit der rechten Hand gleich bey der Kehle gefast, stark gegürgelt, und mit den Fingern der linken Hand in dem Gesicht und an den Augen zerkratzt, und wie sie gespühret, daß es noch gerosselt, habe sie es bey dem Aermgen genommen und mit dem Kopf wieder das in der Waschküche gestandene grose Faß geschlagen.

Weilen die Mattigkeit und der Frost, den sie bekommen, ihr nicht erlauben wollen, das Kind sogleich zu verbergen, so habe sie sich auf das in der Waschküche befindliche Hauklotz eine Zeit lang niedergesetzt und das Kind in ihren Schurtz auf dem Schoos gehabt, und nachdem sie ohngefehr eine viertel Stunde daselbst zugebracht, habe sie das Kind in das vorhin bemeldete Faß verbergen wollen, weilen sie aber bey dem Wiederstosen wahrgenommen, daß Bouteillen darinnen gelegen, so habe sie ihren Endschluß geändert, das Kind wieder heraus genommen und in den Stall linker Hand, wann man nach der Bauerischen Wohnung zurückgehe, getragen, wäre aber im Hof, da es schon sehr finster und nach 9 Uhr gewesen, über die Scheer des daselbst gestandenen Capriolets gestolpert und mit dem Kind auf die Erde gefallen.

In dem ohnehin sehr finsteren Stall habe sie an der Mauer so lang herum getappt, biß sie oben die Ecke am Stall erreicht, woselbsten sie das Kind nochmahls mit dem Köpfgen wieder die Wand geschlagen, und sodann selbiges unter die Krippe unten in der Ecke gelegt und mit Streu, so von den Pferden im Stall gelegen, auch etwas Heu, was sie eben im Dunkelen habe finden können, zugedeckt, nachgehends aber sich aus dem Stall auf die 2te Stiege im Hinterbau begeben und daselbsten, weilen sie wegen dem starken Blutgang nicht gleich zum Hauß hinaus gehen können, so lang verweilen wollen, biß es ihr etwas besser geworden.

Es mögte nicht gar eine Stunde gewesen seyn, daß sie auf der Treppe gesessen, als sie unten in der Bierstube die Frau Bauerin mit ihrer Schwester Hechtelin sprechen hören und wohl verstanden, wie die Bauerin zu der Hechtelin gesagt, sie wolte ihr Haußschlüssel mitnehmen und oben in den Zimmern nach ihr nachsehen, ob sie sich vielleicht verschlossen habe, und da auch dieses würklich geschehen und die Bauerin mit ihrer Schwester der vordersten Stiege hinauf in den alten Bau gegangen, habe sie Inquis. sich der hintersten Stiege heruntergemacht und die im Hauß logierende Jüdin Hündge gebeten, daß sie ihr den Judenknecht Bonum aus der Bierstube rufen — aber nicht sagen solte, daß sie hausen wäre, und da der Bonum auch in Hoff gekommen, habe sie demselben gesagt, er mögte ihr doch der Frau Bauerin ihre Stube inwendig aufriegeln, damit sie durch selbige in ihre Küche kommen könte.

Dieser habe auch sogleich die Thür geöffnet, und sie Inquisitin nicht verweilet, den blutigen Schurtz aus- und einen anderen anzuthun und ersteren hinter den Kasten zu verstecken. Mittlerweile habe der Jud Bonum ihrer Frau und Schwester von ihrem Daseyn Nachricht gegeben, worauf sogleich ihre Schwester Hechtelin zu ihr in die Küche gekommen und sie mit folgenden Worten angeredet habe: Wo bist du gewesen, ich suche dich überall und habe mich schon abgeängstigt und fast geglaubt, du hättest dir einen Tod angethan, sie Inquisitin aber derselben geantwortet, sie hätte ihr ordinaire so starck bekommen, und weilen die Frau Bauerin verlangt, daß sie fortgehen solle, so habe sie, da sie einen starcken Frost bekommen, ohnmöglich fortgehen können, sondern sich auf der hintersten Treppe verborgen gehalten, worauf die inzwischen herbeygekommene Frau Bauerin gesagt, daß sie mit ihrer Schwester noch fortgehen und ihrer Gesundheit pflegen solte, welches sie dann auch gethan und mit der Hechtelin zu ihrer ledigen Schwester, welche bey der Königin logiere, gegangen und habe dortselbst die Nacht über geschlafen.

14. Kapitel
Der Satan muß Susanna verblendet haben

Gleich am folgenden Tag, am 9. Oktober, wird das Verhör fortgesetzt. Da ist vor allem noch zu klären, woher die Verletzungen am Körper des Kindes rühren: Hinsichtlich der vermuteten und von den Ärzten in ihrem Befund diagnostizierten Gewaltanwendung möchte man von der Angeklagten noch ein umfassendes Geständnis haben. Susanna wird nun zu diesem Punkt eingehend vernommen. Sie gesteht, daß die Verletzungen ihres Kindes von einer Schere herrühren. Auf Seite 195 der »Criminalia« ist diese Schere, das Corpus delicti, aufbewahrt, mit der gefährlichen Spitze in eine aufgeklebte Papiertasche eingesteckt, handgeschmiedet und klein wie für das Nähkästchen. — Wir folgen wieder dem Protokoll, wie es in der Frankfurter Kriminalakte niedergelegt ist.

Continuatum den 9ten octobris 1771
Coram Iisdem[1]
Hat man die Inquisitin abermahls vor das Verhör bringen laßen und dieselbe unter wiederholter Erinnerung, die Wahrheit zu gestehen, weiter befragt:
89) Ob sie die Zeit der Schwangerschaft über keine Übeligkeiten gehabt?
R: Ja. Sie hätte sich 2 Tage hinter einander übergeben müßen, es wäre aber eben damahls gewesen, wie der Sohn im Hauße Hochzeit gehabt, und da habe sie der Frau Bauerin und ihre Cameradin weiß gemacht, daß sie ihren Magen am FischEßen verdorben, welches dieselbe auch geglaubt.
90) Ob sie seit der OsterMeß mehrmahlen das Leben des Kindes verspühret habe?

---

[1] = vor denselben: Damit sind die beiden Examinatoren Dr. Siegner und Dr. Lindheimer gemeint, von denen die Vernehmungen und Untersuchungen geleitet wurden.

R: Ja.

91) Ob das Kind völlig ausgetragen gewesen?

R: Das wiſſe ſie nicht, verſtünde auch die Rechnung nicht ſo genau, wieviel Wochen dazu erfordert würden, ein ausgetragenes Kind zu gebähren. Soviel aber wäre gewiß, daß der Beyſchlaf 4 Wochen vor Weynachten geſchehen.

92) Um welche Stunde ſie eigentlich mit den erſten Wehen überfallen worden?

R: Zwiſchen 6 und 7 Uhr, als ſie eben die Aſch durch der Frau ihr Stube, ſo in den Hoff gehe, nach der Waſchküche tragen wollen, habe ſie gleich vor der Stuben Thür ein ſtarckes Reiſſen im Leib geſpühret und gemercket, daß ihr Geblut an denen Beinen herunter lauffe, und darauf die Aſch unter die gleich neben der Stubenthür befindliche hinterſte Treppe hingeſtellt, und ſeye wiederum zu ihrer Frau in die Stube zurückgegangen und habe derſelben erzählet, daß ſie den Augenblick ihr Ordinaire wieder bekommen, und ſie um etwas Thee und Zucker gebeten, welches ihre Frau ihr auch ſogleich gegeben und ihr bedeutet habe, ſie ſolte, wann ſie den Thee getrunken, ſich zu ihrer Schweſter begeben und etliche Tage ruhig halten.

Mit dem Thee in der einen und mit dem Zucker in der anderen Hand habe ſie ſich weiter in die Küche begeben und die neue Magd gebeten, ihr Thee Waſſer zu machen, auch ihr geklagt, daß ſie bei der erhaltenen Ordinaire Leibreiſſen bekommen, worauf auch dieſelbe ihr würcklich den Thee angeſetzt und zu trinken gegeben habe; als mittlerweile die Frau Bauerin wie gewöhnlich in der Bierſtube zu Nacht gegeſſen, und die neue Magd das Eſſen in die Küche zurück gebracht, auch ſie inzwiſchen noch ſtärckere Schmerzen geſpühret, wäre ſie ohngefehr gegen 8 Uhr ohnvermerckt durch der Frau Bauerin Stube gegangen, habe die unter der Stiege geſtandene Aſche mitgenommen und ſich nach der Waſchküche gemacht, daſelbſt vor der Thür, wie ſie ſchon erzählet, die Aſch niedergeſetzt und das Unglück durch Verblendung des Satans angerichtet.

93) Ob ſie nicht auch der Bauerin die Leibſchmertzen geklagt habe?

R: Ja. Sie habe zu der Frau Bauerin gesagt, es reiſſe sie sehr in ihrem Leib, die Ordinaire habe sie überfallen.

94) Was die Bauerin ihr hierauf geantwortet?

R: Weiter nichts als wann sie getrunken hätte, so solte sie zu ihrer Schweſter gehen.

Wolte Gott, es wäre der Frau Bauerin in den Sinn gekommen, ihre Schweſter Hechtelin rufen zu laſſen, so wäre es gut vor ihre arme Seel geweſen und das Unglück nicht geschehen.

95) Wo die Bauerin den Thee und Zucker, so sie ihr gegeben, hergeholet?

R: Die Frau Bauerin wäre selbſt auf die Bancke geſtiegen und habe die Theeflasche und Zuckerbüchß herunter gethan und ihr sodann Thee und Zucker gegeben.

96) Ob es dann nicht andeme, daß die Bauerin sie Inquisitin auf die Banck ſteigen und selbſt die Theeflasche herunter holen laſſen?

R: Nein.

97) Ob niemand gewuſt, daß ihre Geburt so nahe seye?

R: Nein.

Die Frau Bauerin und die neue Magd aber hätten es aus ihrem Anblick gar wohl vermuthen können.

98) Ob ihr jemand und wer zur Umbringung und Versteckung des Kindes Rath, Anleitung und Hülfe geleiſtet habe?

R: Nein. Sie hätte keiner Seel ihre Schwangerschaft anvertrauet.

99) Wie und auf was Art sie eigentlich die Nabelschnur des Kindes abgelöſet habe?

R: Wie das Kind von ihr auf die Erde gefallen, so wäre es von der Nabelschnur abgeriſſen, und die Nachgeburt auch bald darauf von ihr gegangen.

100) Ob nicht dieses mit ihrer Scheer geschehen seye?

R: Nein. Sie könne auf ihr Gewiſſen versichern, daß sie keine Scheer noch sonſtiges Inſtrument bey sich gehabt und gebraucht habe.

101) Wo sie dann mit ihrer Scheer hingekommen?

R: Wie sie nach der Geburt in die Küche zurück gekommen und den blutigen Schurtz ausgezogen, so habe sie die auf dem

Bänkel gelegene Scheer und ein Klingel Sajet[2] in ihren Anhang-Sack gesteckt, in dem Vorhaben, weilen sie jetzt zu ihrer Schwester gehen müsse, ihre Strümpfe daselbst zu flicken und dazu die Scheer zu gebrauchen. Diese habe sie noch bey sich in dem Anhang Sack gehabt, wie sie in das Hospital gebracht worden, nachgehends aber ihrer Wärtherin der Schmidtin geschenckt und dabey ausgesagt, sie solte die Scheer behalten, man mögte sonst denken, daß sie ihrem Kind damit Leid gethan.

102) Ob sie dann bey ihrer arretierung nicht visitieret worden?

R: Nein. Sie wäre weiter nicht visitieret worden, aufer daß der Richter Knopp im Hospital sie befragt, ob sie nichts bey sich habe, und sie demselben mit Nein geantwortet.

Da sie bey dem Eintritt in das Hospital sehr schwach und ohnmächtig gewesen, so hätten sie die Leute gleich aufgeschnüret und ihr die Röcke aufgemacht, bey welcher Gelegenheit der Anhang Sack mit der Scheer, ohne daß jemand darauf Acht gehabt, auf ihr Bett gelegt worden.

103) Ob sie nicht gestehen müsse, daß sie vorhin die Unwarheit geredet, und würcklich die Scheer zur Ablösung der Nabelschnur gebraucht habe; solle anjetzo nicht anfangen, sich mit Unwahrheiten erst abzugeben, da sie in ihrem gestrigen und heutigen Verhör die Warheit gestanden zu haben auf ihr Gewissen versichert?

R: Um nichts auf ihrem Hertzen zu behalten, das sie über kurtz oder lang beängstigen könte, wolle sie auch hier die Warheit reden. Ja. Sie habe die Scheer und das Klingel Sajet in dem Sack gehabt, und mit der Scheer die Nabelschnur abgeschnitten, sonsten aber damit dem Kind keinen Schaden zugefüget, sondern selbiges an dem Schurtz abgeputzt und in ihren Sack gestecket und das Klingel Sajet auf ihrer Flucht nach Höchst zu verlohren.

[2] Klingel Sajet: Klingel = Klüngel: ein (kleiner) Haufen, kleine Gruppe, > ahd. klungilin = kleines Knäuel. In einer Urkunde jener Zeit sind verzeichnet »2 Klingel Bindfaden«. — Sajet, auch »Sarsche« geschrieben oder »Sersche«: eingedeutscht aus franz. »serge«: Kleider- oder Futterstoff. — Susanna will mit dem »Klingel Sajet« ihre Strümpfe stopfen.

104) Aus was Ursache sie dann das Klingel Sajet zu sich gesteckt habe?

R: Aus keiner andern, als um ihre Strümpffe zu stopfen, habe sie selbiges schon vor der Geburt bey sich im Sack gehabt, die Scheer aber in der Absicht, die Nabelschnur damit abzulösen, zu sich gesteckt.

105) Es seye an dem Hals ihres erwürgten Kindes ein schwartzblauer Streif zu sehen gewesen, ob sie vielleicht mit der Sajet dem Kind den Hals zugeschnüret habe?

R: Nein. Der Streif müste daher entstanden seyn, weilen das Kind, wie sie es in das Faß thun wollen, mit dem Koepfgen hencken (hängen) gebliben seye, und die übrige an dem Kind gewesene Beschädigung könten auch von dem Fall, so sie mit demselben gethan, herrühren.

106) Ob dann das Kind, wie sie selbiges nach dem Stall getragen, gar kein Leben mehr verspühren lassen?

R: Nein. Es hätte nicht mehr gelebet.

107) Warum sie deme ohngeachtet selbiges dann noch einmahl mit dem Kopf wieder die Wand geschlagen habe?

R: Sie hätte zwar kein Leben mehr an dem Kind gespühret, weilen sie aber befürchtet, es mögte doch noch nicht recht todt seyn, so habe sie ihm den Kopf noch mahlen wieder die Wand geschlagen, und es nach der Hand hingeleget.

108) Warum sie dann das Kind bey dem Erdroßlen im Gesicht so gekratzt habe?

R: Weilen sie geglaubt, daß es desto eher todt seyn würde, und weilen ihr der Satan dieses alles so in den Sinn gegeben habe.

109) Ob sie auch nicht gestehen müsse, daß sie das Kind an verschiedenen Theilen des Leibes verwundet habe?

R: Ja. Sie habe das Kind auch mit der Scheer hier und da verletzt, daß es sich verbluten solle, wo und an welchen Theilen aber eigentlich, könne sie nicht sagen.

110) Ob sie keine Reue in, während oder nach vollbrachter That empfunden habe?

R: Ja. Nach der Hand wie sie auf der Treppe gesessen, hätte sie es hertzlich bereuet, daß sie ihr Kind umgebracht, während der That aber wäre sie gantz verstockt und verblendet gewesen.

111) Zu was Ende oder aus was Ursache sie dann ihr eigen Fleisch umgebracht?

R: Um der Schande und des Vorwurfs der Leute zu entgehen, daß sie ein unehrliches Kind gebohren, und weilen sie geglaubt, daß sie in dem grosen Hauß gar leicht heimlich gebähren könte, so daß es niemand gewahr würde.

112) Ob sie mehrere Kinder verthan?

R: Nein. Das wäre leider ihr erstes Kind gewesen, wodurch sie zu Fall gekommen.

113) Ob sie nicht gestehen müsse, daß sie in den ersteren Verhören im Hospital die Unwahrheit geredet?

R: Ja. Sie müsse gestehen, daß sie aus Verstockung die Unwahrheit geredet.

15. Kapitel

Susanna schildert, wie sie voller Panik nach Mainz geflohen ist

Zwei Tage später, am 11. Oktober, wird Susanna Brandt wieder verhört. Man läßt nicht locker, redet ihr ins Gewissen und stellt immer neue Fragen nach dem Hergang der Tat. Wir erfahren nun auch Einzelheiten darüber, wie die Flucht nach Mainz gelang und warum Susanna schon am folgenden Tag von Mainz nach Frankfurt zurückkehrte. Im Protokoll vom 11. Oktober 1771 lesen wir:

Ließe man die Inquisitin abermahls per milites vor Amt bringen und hielte derselben vor:

114) Da sie in dem letztern Verhör zur Beruhigung ihres Gewissens die Warheit eingestanden zu haben ausgesaget und nichts auf ihrem Hertzen zu behalten versprochen, auch beym Weggehen geäusert habe, daß es ihr nunmehro in ihrem Gemüth viel ruhiger und sie nicht mehr so beängstigt seye, gleichwohlen aber noch ein und andere Umständte eine nähere Erläuterung bedürfeten, so hoffe man von ihr, daß sie fernerhin bey der Warheit verbleiben werde, solle also sagen, was die neue Dienstmagd Nahmens Seyfriedin ihr geantwortet, wie sie selbiger Leibschmertzen geklagt habe?

R: Weiter nichts als, ich sehe ihr wohl an, daß es ihr nicht recht ist, da ist es nicht richtig mit ihr.

115) Was Inquisitin dann hierauf geantwortet?

R: Sie hätte, wie schon gesaget, vorgegeben, daß sie ihre ordinaire so starck bekommen und davon die Leibschmertzen verursacht würden, worauf jene versetzt: man hat wohl Leibschmertzen bey diesen Umständen, aber ihre sind übernatürlich, sie Inquisitin aber habe diesem wiedersprochen und seye dabey verblieben, daß die Schmertzen von ihrer ordinaire herrühreten, doch hätte die Magd gar leicht das Gegentheil mercken können, indeme sie auf der Kiste gesessen und sich wie ein Wurm gekrümmet habe, sie auch ihr an dem Gesicht ansehen können, was mit ihr vorgehe.

116) Ob es andeme, daß auch diese gleich bey dem Antritt ihres Dienstes ihr zu verschiedenen mahlen zugeredet, aus ihrer Schwangerschaft kein Geheimnis zu machen?

R: Ja.

117) Ob es auch wahr, daß Inquisitin gleich beym ersten Befragen unten in der Küche sich gantz frech und hönisch umgesehen und derselben geantwortet habe: ich müste viel Dreck haben, den Leuten die Mäuler alle zu stopfen, mit dem Zusatz: ich habe ein Aas zur Cameradin gehabt, die hat mir so viel Zorn gemacht, daß ich dadurch mein ordinaire verlohren?

R: Ja.

118) Ob Inquisitin während der Geburt nicht um Hülfe geruffen?

R: Nein. Sie hätte nicht ruffen können, weilen sie schon von dem Satan verblendet gewesen und er ihr in den Sinn gegeben habe, daß sie ihr Kind umbringen solle, zu welchem Ende sie auch die Thür in der Waschküche hinter sich zugemacht.

119) Ob es denn würcklich andeme, daß das Kind bey der Geburt auf den mit steinenen Platten belegten Boden in der Waschküche gefallen seye?

R: Ja. Sie könte auf ihr Gewissen versichern, daß das Kind mit dem Kopf auf die Erde gefallen. Dann wie sie von den Wehen überfallen worden, habe sie sich mit beyden Händen an dem Faß in der Waschküche gehalten, worauf das Kind mit dem Kopf zuerst heraus gekommen und auf die Erde gefallen seye, sie aber sich gebücket, das Kind mit der rechten Hand bey der Kehle stranguliert oder gegurgelt, und sodann selbiges mit der bey sich gehabten Scheer von der Nabelschnur abgelöset, wobey es dann geschehen seye, daß da das Kind sowohl als ihre Hand glatt gewesen, selbiges ihr ausgeklitscht und auf die Thür Schwell in der Waschküche gefallen seye.

120) Ob dann das Kind damahls schon erdrosselt gewesen, auch die Stiche mit der Scheer schon gehabt habe?

R: Ja.

121) An welchen Theilen des Leibes sie dann eigentlich das Kind mit der Scheer verletzet habe?

R: Sie wisse mit Gewißheit nicht zu sagen, wie viel Stiche sie ihrem Kind beygebracht, auch nicht wo und an welchen Theilen

4. Schiffsverkehr auf dem Main

Die Ansicht von Höchst zeigt den Schloßturm
und die Justinus-Kirche,
das älteste erhaltene Bauwerk Frankfurts.
Von Höchst aus fuhr Susanna Margaretha Brandt
mit dem Marktschiff nach Mainz.

eigentlich, indeme es in der Waschküche schon finster gewesen.

122) Ob dann ihr Kind während des Ermordens nicht starck geschrien habe?

R: Sie hätte es nicht schreien hören, selbiges auch gleich bey dem Kehlgen gehabt und erdrosselt.

Als man inzwischen von der Wärtherin Schmidtin die derselben von der Inquisitin zugestelte Scheer herbey holen lassen, und diese dabey dem Richter Knopp eröffnet, daß die Inquisitin die Scheer in einem Anhäng-Sack auf dem blosen Leib gebunden mit ins Hospital gebracht und ihr geschenckt habe, so wurde die Inquisitin weiter befragt:

123) Ob diese ihr anjetzo vorgezeigte und sub Litera H ad acta gelegte Scheer diejenige sey, womit sie die Nabelschnur abgelöset, auch ihr Kind verwundet habe?

R: Ja. Jedoch seye es falsch, wann die Schmidtin vorgebe, daß sie diesen Sack auf dem blosen Leib gebunden gehabt, vielmehr verhalte es sich so, wie sie in dem letzteren Verhör deßhalb ausgesaget.

124) Wo sie mit der Nachgeburt hingekommen seye?

R: Sie habe selbige in der Waschküche gelassen, wisse aber nicht wo, indem sie im Kopf gantz verheert und verstört gewesen, doch deuchte es ihr, daß sie selbige, als sie solche von der Erde aufgehoben, hinter das Faß in der Waschküche geworfen habe.

125) Ob nicht ihre Schwester Hechtelin ihr den Freytag Morgend ein Stück von der Nachgeburt gezeigt und sie darüber befragt habe?

R: Ja. Ihre Schwester Hechtelin habe ihr in dem blutigen Hemd, welches sie kurtze Zeit vorhero von ihr mitgenommen, um es der Frau Bauerin zu zeigen, daß sie ihre Ordinaire bekommen, die Nachgeburt mitgebracht, ihr vorgezeigt und sie also angeredet: Du infames Mensch, wo hast du dein Kind, siehe hier, was ist das? Worauf sie freylich nicht mehr läugnen können und endlich ihren beyden Schwestern der Königin und der Hechtelin gestanden habe, daß sie das Kind umgebracht und in dem Stroh Stall rechter Hand, wann man in den Hinterhoff gehen wolle, und zwar oben unter die Krippe hingeleget und mit Streu und Heu aus dem Stall zugedecket.

Ihre bemeldeten Schwestern, besonders die Königin, habe ihr bedeutet, nicht aus dem Hauß zu gehen, und da diese indessen, vermuthlich in der Absicht, um nachzusehen und die Sache anzuzeigen, aus dem Hauß gegangen, so seye sie vor Ängsten aus dem Bett gestiegen, habe sich angekleidet und zum Bockenheimer Thor hinausgemacht und gerades Wegs nach Höchst gegangen.

Als sie nach 1 Uhr zu Höchst angelanget, und nach dem Mayntzer Marktschiffe sich erkundigt, seye selbiges schon abgedruckt gewesen, ein Schiffsmann aber habe sie mit dem Nachen nachgefahren, welchem sie von denen bey sich gehabten 6 Batzen 3, und die übrigen drey Batzen dem Marktschiffer zu Mayntz vor Fahrgeld bezahlen müssen.

Ohne also weiters einen Kreutzer Geld bey sich zu haben, seye sie in Mayntz voller Furcht und Schrecken, daß man ihr nachsetzen würde, glücklich angelanget und habe, um Obdach und ein wenig warme Suppe zu bekommen, ihre silberne und vergoldete Ohrringe an einen Silberschmied verkaufet, und davor 24 Kreutzer erhalten, und sodann sich in das Wirthshauß zum Hirschgen, wohin sie von einer auf der Straase angetroffenen Dienstmagd, als sie bey derselben nach einem Dienst gefragt, gewiesen worden, einquartiert, und daselbsten übernachtet.

Weilen sie aber kein Geld weiter gehabt, wovon sie zehren können, und von der Gewissens Angst ohnaufhörlich geplagt worden, so seye sie den folgenden Morgend als Sonntags den 3 ten August nach Höchst zurückgefahren und von da zu Fuß biß an das Bockenheimer Thor gegangen, woselbst sie von der Wacht angehalten, auf die Hauptwache und von da auf den Catharinen Thurm geführet und endlich auf Befehl des Jüngeren Herrn Bürgermeisters mit einer Porte Chaise in das Hospital gebracht worden.

126) Wie viel Uhr es damals gewesen seye, als die Hechtelin und die Königin ihr die Nachgeburt vorgezeigt hätten?

R: Es mögte ohngefehr zwischen 9 und 10 Uhr gewesen seyn.

127) Wie sie es gemacht, daß man in der Waschküche auser auf dem Hauklotz wenig Blutflecken gesehen habe?

R: Auf dem Boden in der Waschküche, wo sie gebohren, hätten Sägspäne gelegen, die sie nach der Hand, wie alles vorbey gewesen, mit ihren Händen soviel möglich zusammen gerafft und hinter das große Faß in der Waschküche geworfen habe. Auser diesem aber habe sie ihr s. v. Hemd und Unterrock starck bey sich gestecket, daß man das Geblut nicht so habe sehen, besonders aber, daß man es im gehen nach der hintersten Treppe zu, worauf sie ausgeruhet, nicht bemercken solte.

128) Was neben dem Hauklotz, worauf sie ihrem Vorgeben nach eine Zeit lang gesessen, noch weiter in der Waschküche gelegen habe?

R: Sie wisse von nichts.

129) Ob nicht ein groser Holtz Schlegel und die Holtz Art nicht weit davon befindlich gewesen?

R: Das könne sie nicht sagen, und versichere, daß sie keines von beyden gesehen habe.

130) Wie es dann gekommen, daß man Blutflecken an beyden Stücken wahrgenommen habe?

R: Da sie nach der Geburt und Ermordung ihres Kindes in der Waschküche herum getappet, um einen Platz zu finden, sich wegen der überfallenen Mattigkeit in etwas auszuruhen, so könte es vielleicht geschehen seyn, daß sie beim Niedersetzen beyde Stücke, wann sie in der Nähe gelegen, befleckt habe.

131) Ob sie vielleicht von diesen auch ein oder das andere zur Ermordung ihres Kindes gebraucht habe, solle die Warheit reden?

R: Nein. Sonst sie selbiges gern gestehen würde, und könne versichern, daß sie beyde Stücke nicht gesehen habe.

132) Ob sie ihre Hände, ehe sie in die Küche gegangen, gereinigt habe und wo?

R: Wie sie ihr Kindgen in Stall gebracht gehabt, seye sie an die Pumpe gegangen und habe gantz gemach gepumpt und ihre Hände gewaschen, auch über das abgewaschene Blut noch Wasser gepumpt, daß man es nicht sehen können.

133) Ob die Jüdin Hündge den Juden Bonum eigentlich aus der Bierstube geholet oder nur von ausen ihn mit Nahmen genennt habe?

R: Soviel sie wisse, habe die Jüdin ihm nur vorne an der Thür mit Nahmen Loeb gerufen.

134) Was Inquisitin mit diesem Juden gesprochen, und wo er sie eigentlich angetroffen?

R: Als der Jud aus der Bierstub in Hoff gekommen, habe sie oben an der Frau ihrer Stube gestanden und weiter nichts zu ihm gesagt, als er mögte ihr doch der Frau ihr Stube aufmachen.

135) Ob sie dann keine Ursache angegeben, warum sie die Wohnstube ihrer Frau geöffnet haben wolle?

R: Nein.

136) Ob und was sie mit der Jüdin Hündgen ihrer Umstände halber geredet?

R: Auf der Welt weiter nichts, als daß sie ihr den Juden Loeb herausruffen mögte.

137) Ob sie ihrer ledigen Schwester nichts von ihrer heimlichen Geburt und Ermordung des Kindes eröffnet habe?

R: Nein. Und wäre dieselbe Morgends um 4 Uhr schon in eine Wasche gegangen, so daß sie fast gar nichts mit ihr gesprochen habe.

138) Ob Inquisitin sich fleißig zur Kirche und Gottes Wort gehalten?

R: Zu der Zeit, wie die Frau Bauerin noch 2 Mägde gehalten, wäre sie alle 14 Tage gewöhnlich nach Bockenheim in die Kirche gegangen und habe nicht anders die Kirche versäumt, als wann das Wetter gar zu übel gewesen.

Zum Heiligen Abendmahl seye sie so oft gegangen, als es ihr von dem Hl. Geist eingegeben worden, nachgehends aber, wie sie als Magd alleine im Hauß gewesen, nehmlich den Sommer über wenig mehr besuchen können.

139) Wann sie das letzte mahl zum Hl. Abendmahl gegangen?

R: Acht Tage vor Michaelis vorigen Jahres, von der Zeit aber habe sie nicht weiter dazu kommen können, weilen allemahl im Hauß soviel zu schaffen gewesen.

140) Ob sie nicht gestehen müsse, daß sie sich an Gott dem Allmächtigen durch die unmenschliche Ermordung ihres Kindes sehr schwer versündigt habe?

R: Ja, Sie bereue diese ihre grose Sünde von Grund des Hertzens, und flehe Gott Tag und Nacht um Vergebung dieser schwehren Sünde inbrünstig an.

141) Ob sie etwas zu ihrer Vertheydigung vorzubringen habe?

R: Sie wisse nichts und wolle unterthänigst gebeten haben, daß man ihr doch zu Zeiten einen Geistlichen schicken möge, der ihr beten und an ihrer Seelen mit arbeiten helfe.

142) Ob sie auch sonst kein Anliegen mehr auf dem Hertzen habe?

R: Nein. Seitdeme sie zu den Verhören gebracht und ihr Hertz völlig ausgeschüttet habe, seye es ihr nunmehr viel leichter und ruhiger in ihrem Gemüth, und hätte weiter kein Anliegen.

16. Kapitel

Die Gastwirtin rechtfertigt sich wegen der Entlassung ihrer Magd

Am 12. Oktober, einen Tag nachdem Susanna verhört wurde, wird die Witwe Bauer abermals vorgeladen und befragt. Man möchte von ihr wissen, ob sie in der Tat nichts von der Schwangerschaft Susannas und der unmittelbar bevorstehenden Geburt bemerkt habe. Als dunkler Punkt wird in diesem Zusammenhang auch die kurzfristige Entlassung Susannas durch ihre „Brotherrin" betrachtet. Wiederholt wurden ja schon verschiedene Zeugen gefragt, wie es sich damit verhalten habe. Und auch die Frage wurde schon gestellt, zu welcher Zeit denn die neue Magd für den Dienst im Gasthaus zum Einhorn angestellt wurde. Wir erinnern uns, daß Einstellung der neuen und Entlassung der alten Magd innerhalb von wenigen Tagen geschehen sind. — Wir bringen einen Auszug aus der Vernehmung der Frau Bauer, der die interessantesten Punkte der Aussage enthält.

147) Ob Comparentin nicht aus dem Anblick der Inquisitin wahrnehmen können, daß sie bey dem großen Verdacht der Schwangerschaft ihre Geburt nahe und das Vorgeben von der ordinaire falsch seye?

R: Nein. Wie sie ihr den Thee angefordert, habe sie nichts Verdächtiges an ihr bemerket und sie nachgehends nicht mehr zu sehen bekommen. Der Inquisitin Vorgeben, daß sie ihre ordinaire wieder bekomme, habe ihr um deßwillen glaublich vorkommen müssen, weilen bey allen der Schwangerschaft wegen angestellten Untersuchungen nichts von der Inquisitin herauszubringen gewesen, und diese auch so keinen dicken Leib gehabt, daß man ihr Vorgeben gänzlich in Zweiffel ziehen können.

148) Warum sie dann damahls nicht gleich die Schwester Hechtelin habe herbeyruffen lassen, als wodurch das Unglück gewiß abgewendet worden wäre?

5. Das Bockenheimer Tor

Hier wurde Susanna Margaretha am Nachmittag
des 3. August 1771 verhaftet,
als sie von ihrer Flucht nach Mainz
zurückkehrte.

R: Weilen sie nichts böses vermuthet und die Inquisitin zu ihrer Schwester zu gehen vorgegeben. Denn wann dieselbe nur im mindesten zu erkennen gegeben, daß sie schwanger und der Geburt nahe seye, so würde sie ihr gern Hülffe geschafft, auch eine eigene Stube gegeben haben. add: Einen Hund und eine Katze verstiese ja man zu der Zeit nicht, warum hätte sie einen Menschen und zumahl eine Dienstmagd, die ihr sonsten treu gedienet, als eine Barbarin fortjagen sollen!

Die Frau Bauer als Arbeitgeberin der Susanna Brandt scheint mit dieser Aussage entlastet zu sein. Sie wird nicht noch einmal vernommen, und von einer Verurteilung wegen Mitschuld ist auch nichts bekannt. Immerhin hätte sie — wie das auch der neuen Dienstmagd im Einhorn während einer Vernehmung angedroht wird — wegen unterlassener Anzeige bestraft werden können.

Am 12. Oktober wird auch die Wärterin Schmidt, die Susanna im Hospital betreute, vernommen. Man macht ihr zum Vorwurf, daß sie die Sache mit der geschenkten Schere nicht gemeldet hat. Sie entschuldigt ihr Versäumnis damit, daß sie keinerlei Bedenken gehabt habe, die Schere als Geschenk von Susanna anzunehmen, sie habe sich nichts Böses dabei gedacht. Daher bitte sie gehorsamst um Verzeihung, und ängstlich setzt sie hinzu, sie wolle doch nicht hoffen, daß man sie als eine arme und elende Frau — sie ist 51 Jahre alt — deshalb bestrafen werde. Wir können unsere Leser beruhigen: Die Wärterin ist nicht bestraft worden.

Das Bestreben, zu einem vorläufigen Abschluß zu kommen in diesem Verfahren, ist unverkennbar. So geschehen an diesem 12. Oktober noch zwei weitere Dinge: Die Ordonnanz Brandt wird auf das Amt bestellt und gefragt, wo er damals — seit der Tat sind ja inzwischen mehr als zwei Monate vergangen — das tote Kind gefunden hat. Mit seiner Aussage bestätigt er die Angaben von Susanna Margaretha Brandt.

Schließlich wird ein Verzeichnis der Kleidungsstücke angelegt, die der Susanna gehören und die sich in einer Kiste im Gasthaus zum Einhorn befanden.

Es wird beschlossen, die Akten in Umlauf zu geben: die Protokolle, die bisher über die Vernehmungen geführt wurden, und die Notizen und Berichte. Es wird nicht gesagt, wer die Akten erhalten soll. Aber es können nur die Schöffen gemeint sein, die dem Rat der Stadt Frankfurt angehören und dort auf der ersten der drei Bänke sitzen: Dort, wo die angesehensten und alteingesessenen Bürger der Stadt ihren Platz haben. Denn die Kriminalgerichtsbarkeit lag bis zum Jahre 1856 beim Rat der Freien Reichsstadt Frankfurt.

17. Kapitel
Die Untersuchung
soll abgeschlossen werden

Die nächste Eintragung in der Kriminalakte Susanna Margaretha Brandt trägt das Datum des 26. Oktober 1771. Zwei Wochen sind vergangen, seitdem die Akten zum Zirkulieren gegeben wurden. Jetzt fallen zwei für den Fortgang des Prozesses wichtige Entscheidungen: 1. Der Große Senat beschließt, den »Hochgelahrten juris Doctorem und advocatum ordinarium Schaaf zum Defensor« zu bestellen, zum Verteidiger der Angeklagten. Dr. Schaaf erhält, nachdem er einen Eid geleistet hat, die Original-Prozeßakten gegen Bescheinigung ausgehändigt. Für die Fertigstellung der Verteidigungsschrift wird ein Zeitraum von vier Wochen anberaumt. — 2. Dr. Lindheimer, der die Untersuchungen geleitet hat, gibt eine schriftliche Begründung ab, in der er auf den sehr schwächlichen Gesundheitszustand der Angeklagten hinweist und darlegt, »warum man weitere Inquisition von Amts wegen vor überflüssig gehalten«:

ad 1) weilen Inquisitin wiederholt ausgesagt, daß der Schwängerer ein Holländischer Kaufmann oder Kaufmannsbedienter gewesen, daß sie denselben während ihrer Schwangerschaft und also gar nicht mehr zu sehen bekommen, daß Sie Ihm auch durch Briefe keine Nachricht von ihrer Schwangerschaft gegeben oder geben lassen, indem Sie nicht einmahl seinen Nahmen gewußt, auch des Schreibens unerfahren seye, daß Sie keinem Menschen ihre Schwangerschaft vertrauet, und daß Ihr Niemand zur Umbringung und Versteckung des Kinds Rath, Anleitung und Hülfe geleistet habe, mithin bey ihrem übrigen gutwilligen Geständniß keine Vermuthung Platz greifen kann, daß der Impraegnator, Er seye auch wer Er wolle, Ihr Anleitung zur Mordthat gegeben, und dann endlich die Wirthin Bauerin nach ihrem letzten Verhör discoursive geäußert, Sie erinnere sich, daß ohngefehr 4 Wochen vor Weynachten a. p. ein fremder Jud in Gesellschaft eines Goldschmidtsgesellen aus Holland bey ihr eingekehret und letzterer 4 bis 6 Tage bey ihr logieret und sich, da Sie keinen Frembden im Hauß speiste, durch die Inquisitin Essen und Wein über die Straße habe hohlen laßen und daß Inquisitin ihres Wißens sich niemahlen mit denen im Hauß logierenden Juden gemein gemachet habe, auch Sie daher vermuthe, daß besagter Goldschmidtsgeselle, der sogleich wieder von hier nach Petersburg gereiset, der Impraegnator seyn mögte.

Weiter führt Senator Dr. Lindheimer in der mit »Pro Nota« überschriebenen Begründung an, daß den beiden Schwestern Hechtel und König nichts zur Last zu legen ist, da sie sich bemüht hätten herauszufinden, was mit ihrer Schwester los sei — daß Bruder, Schwester und Schwager nicht gehalten sind, ihre Anverwandten zu verraten, und schließlich wird noch das Argument gebracht, daß die ohnehin unter starken Mutterbeschwerden leidende Hechtel bei weiteren Konfrontationen mit ihrer Schwester Susanna »wo nicht den Todt, doch vielleicht eine schwehre Krankheit davontragen werde«. — Und doch: Die Sache läuft zunächst anders als vorgesehen. Susanna Brandt wird noch einmal zur Vernehmung bestellt, nachdem ihr Pflichtverteidiger eine Eingabe gemacht hat.

18. Kapitel
Aus Angst vor der Folter hat Susanna mehr gesagt als getan

Der Pflichtverteidiger hat sich sogleich nach seiner Ernennung und nach Erhalt der Akten mit dem Fall beschäftigt. Er hat seine Mandantin, nachdem er vom Rat der Stadt die Erlaubnis erbeten und auch erhalten hat, im Gefängnis auf dem Katharinenturm aufgesucht und mit ihr gesprochen. Was er dabei erfahren hat, veranlaßt ihn, umgehend eine acht Seiten umfassende Anzeige zu erstatten. Die Anrede dieser Anzeige sei hier wörtlich zitiert, nicht nur ihres barocken Stiles wegen, sondern auch deshalb, weil sie uns einige Aufschlüsse über die Menschen jener Zeit und die gesellschaftlichen Konventionen sagen kann:

Wohl- und Hoch-Edelgebohrne, Gestrenge, Hoch-Edle, Veste und Hochgelehrte, Wohlfürsichtige, Hoch- und Wohlweise, Insonders Großgünstige, Hochgebietende und Hoch zu Ehrende Herren Reichs-Stadt Schultheiß, Bürgermeister, Schöffen und Rath!

Diese wohlformulierte Anrede scheint uns so übertrieben zu sein, daß wir sie als ironisch gemeint ansehen möchten. Das wäre allerdings eine völlig falsche Annahme. Andererseits ist sie aber auch nicht etwa Ausdruck einer untertänigen Haltung des Verteidigers den Ratspersonen gegenüber, wie man vermuten könnte. Es ist die vorgeschriebene Anrede, die dem Rat der Stadt in seiner Gesamtheit gebührt. Sie zeigt an, daß Regeln und Formalitäten im Umgang miteinander streng beachtet werden und daß man es sich nicht leisten kann, dagegen zu verstoßen. Der individuelle Freiheitsspielraum ist noch sehr begrenzt, gerade auch innerhalb der Wälle und Befestigungsanlagen, welche die Stadt in engem Kreis umgeben und ein Betreten oder Verlassen der Stadt nur durch die bewachten Tore gestatten. Das Leben innerhalb dieser Mauern ist genau festgesetzten

Regeln unterworfen, und nur die wenigen, die in der gesellschaftlichen Rangordnung ganz oben stehen, haben mehr Bewegungsfreiheit.

Doch zurück zum Protokoll der Criminalia 1771: Der Verteidiger hat sich — in Begleitung des Amtssekretärs und Protokollführers Rost — zu seiner Mandantin begeben, um sie zu fragen, ob sie noch etwas zu ihrer Entschuldigung und Verteidigung vorzubringen oder sonst ein Anliegen auf ihrem Herzen habe. Darauf erklärte Susanna Brandt:

„Sie habe weiter kein Anliegen mehr, als daß der Umstand mit der Scheere, wo sie nemlich in denen Verhören verschiedentlich ausgesaget hätte, daß Sie damit Ihrem Kinde Leid zugefüget, nicht gegründet seye, maßen Sie mit der Schere gar nicht an Ihr Kind gekommen, sondern nur mit Ihren Händen verletzet, solches aber dennoch darum eingestanden habe, weilen man Ihr dieserwegen die Wahrheit zu bekennen, starck zugesetzet, und Sie sich gefürchtet, Sie möchte, wann Sie solches nicht gestünde, sonsten wohl gar noch gefoltert werden." Sie fügte hinzu, „Sie hätte solches bereits dem Sie besuchenden Herrn Pfarrer Willemer offenbaren wollen, seye aber wegen Kürze der Zeit, weilen es schon spät gewesen, als Er Sie besuchet, daran verhindert worden.

Desgleichen seye auch der Umstand, daß Sie das Kind, als Sie solches aus der Waschküche in den Stall getragen, noch einmahl mit dem Köpfgen an die Mauer geschlagen, von Ihr nicht richtig angegeben worden, maßen Sie in dem Stall den Kopf des Kindes nicht an die Mauer geschlagen, sondern mit solchem, weilen es dunkel gewesen, nur von ongefehr an die Mauer gestoßen."

Gleich wie nun diese von der Inquisitin irrig angegebenen Umstände derselben zum größten Nachteil gereichen, und Sie solche zu wiederrufen sehnlichst wünschet; als habe Ich mich obhabender Pflichten halber vor verbunden erachtet, Euer Wohl- und Hoch-Edelgeborne Gestrenge und Herrlichkeiten wie auch Wohlfürsichtige Hoch- und Wohlweißheiten hievon die onverweilte gehorsamste Anzeige zu thun und ergehet diesem nach mein unterthäniges Bitten, Hochdieselben Loebl. Officio

6. Katharinenturm und Katharinenpforte

Der Turm diente als Gefängnis, durch die Pforte
führte der Zug mit der zum Tode Verurteilten
auf die Hauptwache.

Examinatorio hochgeneigtest aufzugeben, die Inquisitin über vorbemeldete Umstände nochmals umständlich zu befragen und Ihre weiteren Aussagen ad acta zu bringen, großgünstigst geruhen wollen.

In anhoffender Hochgeneigtester Willfahrung habe die Ehre mit vollkommenster Verehrung allstets zu verharren. Ew. Wohl- und HochEdelgeb., Gestr. und Herrl. wie auch Wohlfürsichtige Hoch- und Wohlweißheiten treu gehorsamster M. C. Schaaf, Dr., Defensor der Sußanna Margaretha Brandin.

Man gibt dem Ersuchen statt, und die Inquisitin wird nochmals »per milites vor Amt gebracht« und vernommen.

160) Es seye einem HochEdlen Rath durch ihren Herrn Defensorem hinterbracht worden, wie sie sehnlich verlange, das Heilige Abendmahl zu empfangen, auch sonsten kein Anliegen auf ihrem Hertzen habe, als daß der Umstandt mit der Scheer, imgleichen, daß sie das Kind, wie sie solches aus der Waschküche nach dem Stall getragen, noch einmal mit dem Köpfgen wieder die Mauer geschlagen, von ihr aus Furcht vor der Folter nicht richtig angegeben worden, und habe hierauf gedachter ein HochEdler Rath in Ansehung des ersteren die Veranstaltung treffen lassen, daß ihr das Hl. Abendmahl von einem Reformirten Geistlichen gereichet werden solle, wegen ihres übrigen Anliegen aber wolle man nunmehro ihre Erklährung gewärtigen, sie aber wohlmeynend erinnert haben, da sie den Vorsatz habe, den Allwissenden Gott um Vergebung ihrer schwehren Sünden inebrünstig anzuflehen und darauf das Hl. Abendmahl zur Stärkung ihres Glaubens und zu ihrer Seelen Heil zu geniesen, keine Unwahrheiten vorzubringen, die in der Folge ihr Gewissen beunruhigen und ihr nachtheilig seyn könnten:

R: Ihr Anliegen, so sie wegen der Scheer ihrem Herrn Defensori angezeiget, verhielte sich allerdings so, daß sie nehmlich aus Furcht vor der Folter mehr gesaget, als sie würcklich gethan, indem sie bey Gott versichern könne, auch das Heilige Abendmahl drauf empfangen wolle, daß sie die Scheer gar nicht bey dem Kind gebrauchet und weder damit die Nabelschnur abgelöset, noch das Kind mit verletzet.

Es seye zwar wahr, daß sie die Scheer während der Geburt in der linken Hand gehabt und Willens gewesen seye, die Nabel= schnur damit abzulösen, wie aber das Kind von ihr auf die Erde geschossen, habe sie ihren Vorsatz geändert und das Kind mit der rechten Hand gleich beym Kehlgen bekommen und mit der linken Hand die Scheer wiederum in den Sack gestecket und nachgehends das Kind losgerissen und hierauf mit ihren Finger Nägeln gekratzt, auch an dem Faß stark beschädiget.

161) Warum sie sich dann vor der Folter gefürchtet, da man ihr damit nicht gedrohet, sondern nur zu Gemüthe geführet habe, wie ihr Anfangs gethane Aussage, als ob nehmlich durch den vorgeblichen Fall des Kindes auf die Erde dasselbe von der Nabelschnur abgerissen, und die Nachgeburt auch bald darauf von ihr gegangen, nicht wahrscheinlich seye, immaßen nach dem Sections=Bericht die Nabelschnur abgeschnitten und keines= wegs abgerissen angetroffen worden, welches letztere gar leicht zu bemercken gewesen?

R: Sie wisse selbst nicht warum, es verhielte sich so, wie sie eben ausgesaget.

162) Ob sie nicht vielmehr gestehen müsse, daß schon die bey Verschenckung der Scheer an die Schmidtin gegebene Ursache, als man mögte sonst dencken, daß sie ihrem Kind damit Leids gethan, und ihr anfängliches Verschweigen und jetziges Vor= geben aus keinem andern Grund, als weilen sie sich vor einer größere Straffe fürchte, wann sie bey der Ermordung des Kin= des ein Instrument gebraucht zu haben, aussage?

R: Ja. Sie hätte sich allerdings vor einer größeren Straffe gefürchtet und deshalb die Scheer der Schmidtin geschencket, damit solche nicht bey ihr angetroffen würde.

163) Ihre weitere gethane Aussage, daß sie das Kind mit der Scheer auch hier und da verletzet, daß es sich verbluten solle, käme auch mit dem Sectionsbericht in vielen Stücken überein. Wie sie also anjetzo ihr gantz freyes Bekenntniß zu wiederruf= fen sich in Sinn kommen lassen möge, und ob vielleicht jemand ihr dazu Rath und Anleitung gegeben habe?

R: Sie habe sehr gefehlet, daß sie in dem vorigen Verhör dergleichen vorgegeben, es wäre aber deme nicht so, sie habe die Scheer nicht an das Kind gebracht und habe ihr auch niemand

Rath gegeben, daß sie ihre vorige Aussage wiederruffen solte, indem niemand zu ihr gelassen würde, und sie auch auser dem Herrn Pfarrer niemand verlange.

164) Ob sie noch etwas weiteres vorzubringen habe?

R: Nein. Sie hätte weiter gar nichts mehr auf dem Hertzen als den Umstandt mit der Scheer, den sie nunmehro der Wahrheit gemäß wiederruffen und erläutert habe.

Man hat hierauf der Inquisitin ihre vorigen Aussagen von Fol. 94 biß 131 inclus. von Wort zu Wort nachmahlen vorlesen lassen und sie hierauf befragt, ob sie noch etwas dabey zu erinnern habe, worauf sie geantwortet:

Auser des heute von ihr anders angegebenen Umstandts mit der Scheer habe sie weiter gar nichts zu erinnern, und wolte nun gehorsamst gebeten haben, den Herrn Pfarrer Willemer künftighin mehr zu ihr zu schicken.

Aus einem Zusatz im Protokoll geht hervor, daß der Pfarrer Willemer daran erinnert wird, die Gefangene weiter zu besuchen, und der Pfarrer Krafft solle ihr das Abendmahl geben. Aber der läßt sich einer Unpäßlichkeit wegen entschuldigen und ersucht seinen Kollegen, den Pfarrer Hilgenbach, das Abendmahl zu reichen, zumal der ja die Inquisitin in der Konfirmation gehabt habe.

Der Protokollvermerk endet mit dem Beschluß, daß die Akten — die ja wegen des Verhörs zurückgekommen waren — dem Verteidiger wieder zugestellt werden können.

19. Kapitel
Der Verteidiger bittet um ein gnädiges Urteil

Termingerecht, am 23. November, liefert Dr. Schaaf die Verteidigungsschrift ab. Es ist ein geschickt geführtes und partienweise brillant formuliertes Plädoyer, das eine ganze Reihe sachlicher Argumente anführt, um die Aussagen der Zeugen und der Angeklagten als in vielen Punkten widersprüchlich und unglaubhaft darzustellen, das aber auch menschliche Anteilnahme an dem Schicksal des unglücklichen Mädchens zu wecken versteht. Aus der Art der Argumentation und der Benutzung psychologischer Faktoren bei der Deutung des Geschehens spricht der Geist eines Mannes, der seiner Zeit ein gutes Stück voraus ist. Das Plädoyer für Susanna Margaretha Brandt verdient es, als ein Schulbeispiel juristischer Verteidigungskunst angeführt zu werden. Gleich der Beginn schlägt die Tonart des Ganzen mit einem vollen Akkord an:

Da ich eben so wenig geneigt bin, dem Verbrechen das Wort zu reden, als wenig solches mein Amt mit sich bringet, gleichwolen aber dasselbe von mir verlanget, daß ich alle, auch die geringsten Umstände, so der Inquisitin zur Entschuldigung dienen können, getreulich anzeige, so sehe ich die großen Schwierigkeiten, welche sich bey der mir aufgetragenen Vertheidigung der Sußanna Margaretha Brandin von allen Seiten darbieten, nur allzu wohl ein, wann ich hierbey nichts unterlassen und dennoch in jenen Fehler nicht verfallen will.

Auf der einen Seite zeigt sich das Bekänntniß eines großen Verbrechens, und wann ich dieses als zuverläßig annehmen will, so scheinet fast alle Vertheidigung entbehrlich und nichts übrig zu seyn, als die allemal noch bedauernswürdige Inquisitin der Gnade ihrer Richter zu empfelen.

Auf der andern Seite aber ergeben sich solche Umstände, welche dieses Bekänntnis verdächtig machen, und wann mir dieses zum Leidfaden meiner Vertheidigung dienen soll, so fordert

Pflicht und Gewißen, da Inquisitin als denn mehr unglücklich als lasterhaft seyn möchte, alles aufzubieten, um sie von der drohenden schweren Strafe zu befreien.

Nach diesem schwungvollen Auftakt kommt der Verteidiger zum Thema seiner Schrift:

Dasjeneige, was der Inquisitin vermöge derer Untersuchungs-Acten zur Last werden mag, begreifet sich kürzlich dahin, daß Sie I.) ihre Schwangerschaft verheelet, II.) heimlich niedergekommen, und endlich III.) Hand an Ihr Kind gelegt zu haben, eingestanden hat.
Diese 3 Vorwürfe werden also die Hauptgegenstände meiner Vertheidigung ausmachen.

Bevor aber Dr. Schaaf als erfahrener Rechtsanwalt auf diese drei Hauptpunkte eingeht, untersucht er die Frage, ob das Geständnis der Susanna Brandt nach dem Widerruf eines wichtigen Umstandes — daß sie nämlich ihr Kind nicht mit der Schere verletzt hat — unter Zwang erfolgte: Ein unter der Marter abgelegtes Bekenntnis erlange nur dann Gültigkeit, wenn es nochmals ohne Zwang wiederholt und bestätigt wird. Der Verteidiger läßt nicht locker, denn das war ja auch schon der Punkt, an dem er gleich zu Beginn interveniert hat, als er zum erstenmal mit seiner Mandantin sprach. Wenn also die Inquisitin das für sie höchst nachteilige Geständnis aus Furcht vor der Folter irrig abgelegt hat, so ist nicht auszuschließen, daß sie auch die anderen Äußerungen unter dem gleichen Zwang getan hat. Und dann weist Dr. Schaaf auf eine Reihe von Widersprüchen hin, die seiner Ansicht nach eindeutig in den Aussagen der verschiedenen Zeugen liegen: Da sagte Susanna aus, sie habe sich den Magen mit Fisch verdorben, die Gastwirtin Bauer aber sagte, Susanna sei nie krank gewesen — die Wärterin Schmidt im Hospital habe absolut nichts Nachteiliges über Susanna ausgesagt, während sich Susanna selbst mit der Bemerkung verdächtig machte, sie habe die Schere der Wärterin geschenkt, damit man nicht auf den

Gedanken komme, sie könne damit etwa ihr Kind verletzt haben — und schließlich gebe es im Sektionsbericht der Ärzte keinen Hinweis darauf, daß das Kind durch Stiche mit einem spitzen Gegenstand verletzt wurde. Und nun zitieren wir wieder aus der Verteidigungsschrift:

Nimmermehr kann also dieses irrige Bekänntniß der Inquisitin zum Nachtheile und einem Beweiße des vergrößerten Verbrechens gereichen, da solches jene rechtliche Erfordernißen nicht hat, aus Furcht, wann es auch gleich eine eingebildete gewesen, vor der Folter abgelegt, mit denen sich vorgefundenen Umständen nicht übereingekommen, und endlich von Ihr, nachdeme Sie in ihrem Gefängniß sich von der Betäubung, worinnen dergleichen schwache Weibs-Personen bey denen ersten Verhören durch den Zulauf des Volks, die umgebende Wache und den Anblick des Richters nur allzu leicht versezet werden, erholet hätte, in ihrem neuesten Verhör unter so heiligen Betheuerungen wiederruffen worden, daß man diesem Wiederruf onmöglich den Beyfall versagen kann.

Der Jurist versteht sein Geschäft, er hat die Akten sorgsam studiert, und so kommt er nun zu dem Punkt mit der Schere, um auch diesen von einem anderen Aspekt her als unglaubhaft darzulegen.

Daß Inquisitin ein Kind zur Welt gebracht, daß ein todtes Kind gefunden worden, daß sich Gewaltthätigkeiten an demselben gezeigt, dieses sind Umstände, welche theils durch das Bekänntniß der Inquisitin theils sonsten bestätiget worden, und solches bezweifeln wollen, würde lächerlich, ja strafbar seyn. Insoferne wäre also wegen des corporis delicti nichts zu erinnern. Alleine, da zu völliger Sicherstellung desselben in vorliegenden Fall die Recognition des gefundenen Kindes nötig war, und da der Umstand, ob das Kind gelebet, als es zur Welt gekommen, so unumstößlich gewiß nicht seyn möchte, so wird von beiden einiges zu berüren notwendig seyn... Daß die Anerkennung des gefundenen Kindes von der Inquisitin nothwendig gewesen, brauche ich wohl nicht erst zu beweisen, da

Ein Hoch-Edler Rath die Nothwendigkeit hievon selbsten eingesehen und solches durch den unterm 5. August a. c. ergangenen sehr verehrlichen Rathsschluß zu bewerkstelligen verordnet. Inquisitin habe auch das Ihr vorgezeigte Kind vor das ihrige erkannt, und es möchte also überflüßig scheinen, hievon weiters was zu gedencken. Betrachtet man aber die der Recognition vorhergegangene Umstände, so wird jeder Unbefangene eingestehen müßen, daß Inquisitin hier ein Geständnis abgelegt, welches Ihr zu thun nach der Natur der Sache schlechterdings unmöglich war.

Das Kind ist den 1sten Aug. zur Welt gekommen, den 3ten völlig seciret, hierauf begraben, den 5. wieder ausgegraben und der Inquisitin vorgeleget worden.

Dieses zerstückte Kind, dieses schon in die Verweßung gegangene Kind nun erkennet demongeachtet Inquisitin vor das ihrige, ob Sie gleich solches im Dunkeln geboren und also vorhero gar nicht gesehen hatte. Ich glaube nicht viel zu sagen, wenn ich behaupte, daß ich jeder Mutter ihr neugebohrnes Kind wegnehmen, solches unter 10 andere mengen und, wo nicht ein blindes Ongefehr ihre Wahl leitet, sie gewiß das ihrige verfehlen werde. Vergeblich wird man sagen, die Stimme der Natur habe alles dieses bey der Inquisitin ersezen und bewürken können, da diese Stimme nur allzu trüglich und solches alsdann auch bey allen Müttern eintreffen müßte. Ein kürzlich öffentlich bekannt gemachtes Beyspiel, wo einer vornehmen Dame ihr todtgebohrnes Kind gegen ein lebendes vertauscht, von derselben mit allen Zeichen der mütterlichen Zärtlichkeit angenommen worden und vielleicht biß auf diese Stunde noch vor das Ihrige gehalten wird, beweiset die Richtigkeit meiner Säße onwiedersprechlich.

Mit dieser, für damalige Anschauungen ungeheuer fortschrittlichen Beweisführung hat der Verteidiger Dr. Schaaf zwar aus unserer Sicht mögliche Folgerungen des Gerichts aus den Angeln gehoben, jedoch nicht den Beifall der Richter und Schöffen gefunden. Das ist ihnen sicher zu weit gegangen. Und wenn dann der Verteidiger daraus auch noch schließt, daß die Inquisitin allzu bereitwillig Dinge eingestanden hat, die sie gar nicht einzugestehen vermochte, und man daraus auch Schlüsse auf andere Geständnisse ziehen müsse, so hat das wohl noch weniger den Beifall derer gefunden, an die diese Schrift gerichtet war. Wörtlich heißt es dann, psychologisch nicht uninteressant, weiter: »Sie scheinet überhaupt unter diejenigen Personen zu gehören, welche in Hoffnung einer dadurch zu erlangenden mildern Strafe alles gestehen, worüber sie gefragt werden.« — Das alles ist aber noch Auftakt und Einleitung. Nun kommt der Dr. Schaaf zu den drei Hauptargumenten seiner Verteidigungskonzeption. Wir übergehen die beiden ersten Punkte, in denen Dr. Schaaf nachweist, daß seine Mandantin womöglich ihrer Schwangerschaft gar nicht bewußt war und von der plötzlichen Geburt also völlig unvermutet überrascht wurde und daß sie andererseits gar nichts verborgen habe, da sie sich ja bereitwillig von ihrer Schwester und den Ärzten untersuchen ließ. Und dann kommt die Verteidigungsschrift zum dritten, dem Hauptpunkt, daß sie nämlich Hand an ihr Kind gelegt habe:

Die Schmertzen vermehren sich, die Wehen nehmen überhand, Sie nähert sich dem einer Sinnenlosigkeit nicht unähnlichen Zustande einer Gebärerin, verbirgt sich in die Waschküche, wohin sie vorher schon mit der Asche zu gehen willens war, und verübt daselbsten auf Eingeben des Satans die unglückliche That, welche sie bald nach der Hand so sehr bereuet und noch jezt Tag und Nacht beseufzet. Man muß die unglückliche Situation, worinnen sich die Inquisitin befunden, in ihrem völligen Umfang überdenken, um sich die leichte Möglichkeit ihres Verbrechens, welches nunmehro den III. und Haupt Gegenstand dieser Vertheidigung ausmacht, begreiflich zu machen. Von ihrer Brodherrin verstoßen, in der äußersten Armuth, denn 30 Kreuzer machten nebst sehr wenigen schlechten KleidungsStücken ihre ganze Habseeligkeit aus: Unwissend, wer ihr Schwängerer war und außer Stande, solchen auszukundschaften, um von ihm den Unterhalt des Kindes zu erlangen, unvermögend, solches selbst zu ernähren: Der Schande und Verachtung der Welt bloßgestellet. Allen diesen Besorgnüssen, allen diesem Unglück glaubt die Inquisitin zu entgehen, wenn sie Hand an ihr Kind leget und durch Wegräumung des unglücklichen Zeugens ihrer Schande solche in eine ewige Vergeßenheit zu begraben sich schmeichelt.

Der Verteidiger untersucht dann die Frage, ob das Kind noch gelebt hat, als es zur Welt kam, und führt eine Reihe von Gründen an, die dagegensprechen. Seine Schlußfolgerung lautet: »Hat nun das Kind nicht gelebet, so hat Inquisitin auch keinen Mord an demselben begehen können.« Wenn es nur schwach gelebt haben sollte, was zu vermuten ist, so hat sie nach der Meinung berühmter Rechtslehrer nur eine gelinde Strafe zu gewärtigen.

Dann ist Susannas Verführer an der Reihe, den ja immerhin einige Mitschuld an dem Geschehenen trifft:

Ihr Verführer war der erste und letzte, der über Ihre Tugend gesieget hatte. Und auch dieser mußte zu unerlaubten übernatürlichen Mitteln seine Zuflucht nehmen, um zu seinem verruchten Endzweck zu gelangen. Er bediente sich eines berauschenden Getränckes, des Weines, und als dieses allein ihm nicht hinlänglich schiene, sein Verlangen zu erreichen, so that Er noch weiters, wie die Inquisitin darauf lebt und stirbt, ein betäubendes Mittel in denselben, um Sie dadurch völlig sinnlos und unfähig zu machen, seinen geilen Begierden wiederstehen zu können.

Dieser Bösewicht ist die moralische Ursache alles des Unglücks, das die bejammernswürdige Inquisitin betrifft. Und so wie er seinem Schicksal und der Strafe der rächenden Gerechtigkeit gewiß nicht entgehen wird, so muß seine listige Verführung der Inquisitin Ihr in gewißer maße zur Entschuldigung gereichen. Die Ihr geraubte Ehre, dieses schätzbare Kleinod, welches billig dem Werth des Lebens gleich geachtet wird, die WiederErlangung desselben, oder eigentlicher zu reden, die Verbergung der Schande, war der Hauptbewegungs-Grund Ihres Verbrechens.

Und nun macht der Verteidiger — geschickt — eine Verbeugung vor der Stadt Frankfurt, die ja durch das Gericht repräsentiert wird, da die Kriminalgerichtsbarkeit beim Rat der Stadt liegt: Er weist auf die vielen Vorzüge hin, welche die Stadt besonders auch wegen der verschiedenen Stiftungen zum allgemeinen Wohl bietet, und äußert den Wunsch, diese Vorzüge durch die Errichtung eines Findelhauses noch zu erweitern. Da auch gerade diese Stelle von einem so fortschrittlichen Geist zeugt, sei sie zitiert:

Als dann würde jede geschwächte Dirne, welche aus Furcht vor der Schande oder auch aus Mangel der erforderlichen Erhaltungsmittel Hand an ihre Frucht zu legen sonst verleitet wird, einen sicheren Zufluchtsort finden, um gleich traurigen Besorgnüßen glücklich entgehen zu können. Möchte der Himmel doch eine gutherzige Seele erwerben, welche durch ein ansehnliches Vermächtnüß den ersten Grund zu einem so nüzlichen Werck legte; vielleicht würden alsdann mehrere Personen in Beherzigung des gewißen Nutzens einer dergleichen Stiftung bewogen werden, solches durch ihren Beystand zu unterstüzen und zu seiner Vollkommenheit zu bringen. Und möchte die unglückliche Brandin die letzte seyn, welche, um dem Verlust ihrer Ehre zu entgehen, sich der Gefahr eines gröseren Verlusts ausgesezzet.

Am Schluß führt der Verteidiger noch einige Pluspunkte zugunsten seiner Mandantin an: Sie ist freiwillig aus Mainz nach Frankfurt zurückgekehrt; ihre Reue und Gewissensangst, ihr Beten um Vergebung ihrer schweren Sünden und ihr Verlangen nach dem Abendmahl — und nun zitieren wir den Schluß der Verteidigungsschrift:

Alles dieses sind untrügliche Kennzeichen, daß Inquisitin kein böses und verstocktes Hertz besitze, und bestätiget zugleich im Zusammenhang mit allen übrigen Umständen den bereits oben gewagten Ausspruch nunmehr überzeugend, daß die Inquisitin mehr unglücklich als lasterhaft zu nennen und deswegen alles Mitleiden würdig seye.

Dies sind die Vertheidigungs-Gründe, welche nach Anleitung

derer Untersuchungs-Acten und Maasgabe der Rechte zum besten der Inquisitin sich vorgefunden. Sind solche gleich nicht vermögend, die Gefangene von der Strafe zu befreyen, so schmeichele mir dennoch, daß solche nicht wenig zu Linderung derselben beytragen werden, zumalen wann die Gnade Ew. Wohl- und HochEdelgebohrne Gestrenge und Herrlichkeiten, wie auch wohlfürsichtige Hoch- und Wohlweißheiten, dasjenige ersezzen wird, was meinen Gründen an Stärcke abgehet.

An die Richter gewendet spricht der Verteidiger sein »ganz gehorsamstes und namens der Gefangenen demütigstes und flehentlichstes Bitten« aus, »die unglückliche Brandin mit einer gnädigen Strafe zu belegen«. Da wir die Anrede dieses Verteidigungsschreibens ihres barocken Stiles wegen zitiert haben, sei auch die formelhafte Schlußformulierung gebracht:

Ich habe die Ehre, mit vollkommenster Ehrerbietung zu verharren, Ew. Wohl- und HochEdelgeb. Gestrg. und Herrlichkeiten wie auch Wohlfürsichtige Hoch- und Wohlweißheiten treu gehorsamster M. C. Schaaff, Dr., Defensor der Brandin.

20. Kapitel
Tod durch das Schwert lautet das Urteil

Inzwischen ist das neue Jahr gekommen. Man schreibt 1772. Seit Ende November haben sich die vier Syndici, die Herren Lauz, Hofmann, Rumpel und Schudt — in dieser Reihenfolge, mit den Untersuchungsakten und der Verteidigungsschrift beschäftigt. Sie haben das sehr gründlich getan, wie ihre Stellungnahmen beweisen. Der Wortführer der Syndici ist offenbar der Herr Lauz gewesen: Er erhält die Akten als erster, er wird im Prozeß auch das letzte Wort haben, er gibt als erster seine Stellungnahme zum Plädoyer des Dr. Schaaf ab, und er setzt auch das Urteil auf, nachdem die drei anderen Syndici ihre Meinung schriftlich niedergelegt haben. Alle vier kommen zum gleichen Ergebnis, daß Susanna Margaretha Brandt das neugeborene Kind umgebracht hat. An dem vom Syndicus Lauz formulierten Urteil bringt der rechtskundige Ratsschreiber Dr. Claudy, der sich in den Formalitäten gut auskennt, an zwei Stellen Korrekturen an. Es ist Dienstag, der 7. Januar 1772, als das Urteil feststeht:

In peinlichen Untersuchungs-Sachen wieder Susanna Margaretha Brandtin erkennen Wir Bürgermeistern und Rath der Kayserlichen freyen Reichs-Stadt Franckfurt am Mayn, auf vorgängige umständliche Erforschung und Untersuchung der Sache, geführte Vertheidigung, vorgelegte rechtliche Syndicats-Bedencken und sorgfältige Erwägung aller Umständen vor Recht, daß gedachte Brandtin des an ihrem lebendig zur Welt gebrachten Kinde, nach eigener wiederholter Bekänntniß vorsezlich und boshafter Weiße verübten Mords halber nach Vorschrift der göttlich und weltlich Gesezen und zwar ihr zu wohlverdienten Strafe und andern zum abscheulichen Exempel mit dem Schwerd vom Leben zum Todt zu bringen und dieses Urthel forderstamst zu vollziehen seye.

Geschlossen bey Rath Dienstags den 7. Jan. 1772

Der Urteilsspruch ist also nicht gnädig ausgefallen. Der Rat der Stadt stützt sich bei seiner Entscheidung auf den Beschluß der Syndici, dem er zustimmt. Nun haben die vier Syndici, gewissermaßen die obersten Staatsanwälte des damaligen Frankfurt, sich die Sache sicher nicht leichtgemacht. Das ist den ausführlichen Begründungen zu entnehmen, mit denen sie zu den Protokollen und den Ausführungen des Verteidigers Stellung genommen haben. Man hat den Eindruck, daß bei der Suche nach der Schuldfrage ein unbestechlicher Gerechtigkeitssinn alle vier Syndici geleitet hat. Mildernde Umstände, daß die Kindsmörderin ihre Tat etwa in einem Zustand der völligen Verzweiflung und Ausweglosigkeit, ja der Besinnungslosigkeit verübt haben könnte, werden gar nicht in Erwägung gezogen. Der heutige Leser mag sogar den Eindruck gewinnen, daß von vornherein feststand, wie die Würfel fallen werden. Es wird kein Zweifel laut, daß es sich vielleicht nicht um absichtliche Tötung handelte. Eine Mutter ist zu richten, die ihr neugeborenes Kind umgebracht hat, und darauf steht die Todesstrafe. In diesem Zusammenhang ist es interessant zu bemerken, daß auch die beiden Exekutionen im Frankfurt jener Zeit, nämlich 1745 und 1758, Kindsmörderinnen betrafen.
Die Argumente, die Dr. Schaaf zur Verteidigung seiner Mandantin aufgeführt hat, werden also Punkt für Punkt zerpflückt, sie werden als nebensächlich oder nicht stichhaltig abgetan. Nur in einem Punkt kann die Verteidigung mit ihrem Einwand erfolgreich bleiben, und darin wird das Untersuchungsergebnis auch korrigiert: Die Syndici räumen ein, daß die Beklagte das Neugeborene nicht mit der Schere verletzt hat. Sie können das auch tun, da sie um so mehr an dem Standpunkt festhalten, daß sie ihr Kind auf jeden Fall mit Gewaltanwendung umgebracht hat. Aber in diesem Punkt ist nicht nur das Untersuchungsergebnis, sondern auch die Berichterstattung neuerer Zeit über den Fall Susanna Margaretha Brandt zu korrigieren: Die Schere, die bei den Akten aufbewahrt wird, ist vielfach als Corpus delicti bezeichnet und beschrieben worden, mit dem die

Brandtin ihr Kind umgebracht haben soll. Die Syndici jedenfalls haben sich in dieser Frage der Argumentation der Verteidigung angeschlossen. Wir werden noch eine andere Darstellung die im Umlauf ist, und zwar Ereignisse bei der Exekution betreffend, richtigzustellen haben.

Aus den zum Teil sehr umfangreichen Darlegungen der Syndici seien nun einige Auszüge wiedergegeben. Zunächst Syndicus Lauz:

An diesem Facto hat sich zwar ein Umstand geändert, indeme Inquisitin anzeigt, daß sie aus Furcht vor der Folter mehr gesagt als gethan, und daß sie die Schere nicht bey dem Kind gebraucht und damit weder die Nabelschnur abgelößt noch das Kind verlezet, sondern die Schere zwar währender Geburt in der lincken Hand gehalten, in der Absicht, die Nabelschnur damit abzulößen, als aber das Kind von ihr auf die Erde geschossen, ihren Vorsatz geändert und das Kind gleich bey der Kehle bekommen habe. Wie wenig dieser Umstand, dazumal der gedachte Wiederruf der Inquisitin mit allerlei zweifelhaften Ausdrücken begleitet ist, in der Hauptsache eine Veränderung mache, ergibt sich sogleich von selbsten.

Es ist also dermahl nur zu erwägen, ob in der inzwischen eingekommenen Defensions=Schrift solche Gründe enthalten, nach welchen, wie der Herr Defensor bittet, der Inquisitin eine gnädige Strafe zuerkannt werden möge.

Als erstes nimmt Syndicus Lauz dann zu dem Vorwurf Stellung, das Geständnis könne aus Furcht vor der Folter abgelegt worden sein.

Alleine das gantze Bekänntnis der Inquisitin, welche nirgends mit der Folter bedrohet worden, hat alle erforderlichen Eigenschaften eines die Verurtheilung nach sich ziehenden Bekänntnisses. Es ist klar, deutlich, nicht zweydeutig, sondern gantz unzweifelhaft, und allenthalben zeigt es die vorsezliche Absicht, das Kind umzubringen, und da nach Fol. 154 die Inquisitin als ihr die Revocation wegen der Schere und zugleich ihre vorherige Aussagen vorgelesen worden, in völliger Beru=

7. Das Todesurteil

Das Urteil des Rates der Stadt bestimmt,
sie sei „nach Vorschrift der göttlich und weltlich Gesezen . . .
mit dem Schwerd vom Leben zum Todt
zu bringen".

higung geantwortet, daß sie nun nichts mehr auf dem Hertzen habe, und alles übrige, außer dem Umstand mit der Schere, bekräftiget, so ist nunmehro um so weniger an der Richtigkeit und Zuverläßigkeit ihres Bekänntnußes zu zweifeln, es hindert auch gar nicht, wann sie würcklich aus Furcht vor der Folter zum Bekänntnus solte bewogen worden seyn, womit ihr doch nicht bedroht worden.

Syndicus Lauz kommt in seiner vom 23. Dezember 1771 datierten Begründung zu folgendem Schluß:

Es bleibet also allemal richtig, daß Inquisitin ihre Schwangerschaft und Geburt verwegen und vorsetzlich verheimlichet, ihr lebendig gebohrnes und dafür überzeugend gehaltenes Kind mit Ausübung unmenschlicher Gewalt umgebracht habe, und daß sie dafür die in der Carolina[1] verordnete poenam ordinariam nicht nur verdienet, sondern auch diese Strafe noch zu schärfen bewegende Ursachen vorliegen. Weil aber doch dieselbe freywillig ihre böse That bekannt und dadurch die Untersuchung der Sache sehr erleichtert, und weil vielleicht ratione vitalitatis einiger Zweifel noch vorzuwalten scheinen möchte, und deswegen die Bekänntnuß der Inquisitin nur dahin anzunehmen seyn dürfte, daß, wie der Herr Defensor selbsten solches ausleget, das Kind nur schwach gelebet habe; so wolte ich in diesem Betracht dahin antragen, daß Inquisitin nur mit dem Schwerd vom Leben zum Tod gebracht werde.

Über die Weihnachtstage hinweg formuliert Syndicus Hofmann sein Urteil, welches das Datum vom 30. Dezember 1771 trägt: Wir zitieren daraus zunächst den Anfang:

So viele Mühe auch der Vertheydiger der wegen Kinder-

[1] Constitutio Criminalis Carolina, abgekürzt C.C.C., auch Peinliche Gerichtsordnung: Das erste allgemeine deutsche Strafgesetzbuch. Es wurde 1532 auf dem Reichstag zu Regensburg unter Karl V. zum Reichsgesetz erhoben und behielt bis gegen Ende des 18., teils bis ins 19. Jh. formelle Geltung.

Mords dermahlen endlich zu verurtheilenden Susannen Margarethen Brandin sich in der, wohl verfaßten, Defensions-Schrift gegeben, alle diejenigen Gründe zusammen zu suchen, welche der Inquisitin zu einigem Behuf und Vorstand gereichen können; so bin ich doch ebenfalls vollkommen überzeugt, daß er in jener seiner Verthendigung nichts ausgeführet, was ermeldte, in ihren Umständen übrigens bedauerungswürdige Inquisitin von der wohlverdienten Strafe des Schwerds retten oder zu deren Ermilderung etwas beytragen könne.

Dann wird sehr ausführlich der Herr Geheimrat von Boehmer mit seinen Meditationen über die peinliche Halsgerichts-Ordnung zitiert, und zwar mit dem Artikel, der sich auf eine Kindermörderin bezieht. Syndicus Hofmann widerlegt sodann die drei Hauptpunkte der Verteidigung und kommt zu folgendem Schluß:

Bey allen dießen Umständen und aus denen hier sowohl als denen in vorhergehendem Gutachten angeführten rechtlichen Gründen, von welch letztem ich nur blos darinnen, daß meiner Einsicht nach, vitalitas partus ganz außer Zweifel beruhet, abgehe, kann ich nicht anders als auf poenam ordinariam gladii, welche bey uns die Stelle der in dem Gesez vorgeschriebenen Ertränckung vertritt, stimmen, mithin ebenfalls dahin antragen, daß Inquisitin ihres begangenen schwehren Verbrechens halben mit dem Schwerd vom Leben zum Todt zu bringen seye.

Am 2. Januar 1772 gibt Syndicus Rumpel seine Stellungnahme ab. Daraus sei gleichfalls der Anfang und der Schluß zitiert.

Ich kann ebenfalls nicht absehen, wie die in dieser Sache eingekommene, sonst wohl gefaßte Defensions-Schrift so viel zu erwürcken vermöge, daß Inquisitin Brandin von der Todes-Strafe befreyet werden könnte. ...
Bey allen diesen Umständen und da auch zugleich keine wahre Straf-Ermäßigungs-Ursache vorhanden, die der Inqui=

sitin zustatten kommen könnte, bin ich ebenfalls des rechtlichen Dafürhaltens, daß gedachte Inquisita des verübten gewaltsamen Kinder-Mordes halber die poenam gladii verwürcket habe und diese also, um der Göttlichen Gerechtigkeit ein Genügen zu leisten, an ihr ohnnachlässig zu vollziehen seye.

Und auch der vierte Syndicus, B. J. Schudt, schließt sich dem schon dreimal gesprochenen Todesspruch am 3. Januar an:

So bin Ich in diesem Fall in rechtlicher und gewissenhafter Erwägung alles Vorstehenden ebenfalls damit einverstanden, daß die Inquisitin Margaretha Susanna Brandtin des begangenen Kindes Mordes halber, iuxta Art. 131 c.c.c.[2] mit der Todes-Strafe zu belegen und nach hiesiger eingeführten Gewohnheit mit dem Schwerdt hinzurichten seye.

Unmittelbar unter diesem letzten Urteilsspruch steht eine Notiz von der Hand des Ratsschreibers Dr. Claudy, daß die Stellungnahme am 7. Januar im Senat behandelt wurde und beschlossen wurde:

Solle man die Inquisitin, Susanna Brandtin, nach allen in actis befundenen und reiflich überlegten Umständen wegen des vorsätzlich und böslicherweis begangenen Mords an ihrem neugebohrnen Knäblein mit dem Schwerd vom Leben zum Todt bringen, sofort hiernach das weitere ehebaldigst verfügen lassen.

---

[2] Abkürzung für Constitutio Criminalis Carolina — siehe auch Fußnote Seite 91.

21. Kapitel
Das Gnadengesuch wird abgelehnt

An die Urteilsfindung schließt sich die Urteilsverkündung an. So ist es auch im Rat der Stadt beschlossen worden. Die inhaftierte Susanna Margaretha Brandt wird unter militärischer Bewachung auf das Amt gebracht. Anwesend sind die Senatoren Reuss und Dr. Textor, der Bruder von Goethes Mutter, sowie der Verteidiger Dr. Schaaf und der Amtsschreiber Rost. Es ist der 10. Januar 1772. In der Amtsstube des Römers muß Totenstille geherrscht haben, als das Urteil verlesen wurde. Wir kennen die Formulierung des Urteils bereits und nehmen die Schilderung des Protokolls an der Stelle auf, wo in dieser makabren Szene die Reaktion auf die Verkündung des Urteilsspruches beschrieben wird:

Nach beschehener Publication des Urthels fiele die Inquisitin in eine heftige Ohnmacht und, nachdem sie sich wieder erhohlet hatte, bathe sie unter Vergiesung vieler Thränen und heftigen Händeringen:

daß ein HochEdler Rath geruhen mögte, Gnade vor sie zu haben und ihr in Rücksicht ihrer jungen Jahren das Leben zu schencken.

Worauf der zugegenstehende Defensor sich dahin erklährte: Er wolle zwar ebenfalls wünschen, daß es Einem HochEdlen Rath möglich seyn mögte, die unglückliche Brandin zu begnadigen, als warum er unterthänigst und gehorsamst gebeten haben wolle. Gleichwie er aber in seiner Vertheydigungs Schrift bereits alles, was der Inquisitin nach Vorliegenheit der Umständen und Maasgabe derer Akten zur Vertheydigung gereichen können, angeführet, und weitere und neue Vertheydigungs-Gründe beyzubringen nicht im Stande seye. Als sehe er sich obhabender Pflichten halber in die traurige Nothwendigkeit versetzet, von einer weiteren Vertheidigung zu abstrahiren, und müsse nunmehro unter nochmahliger Wiederholung

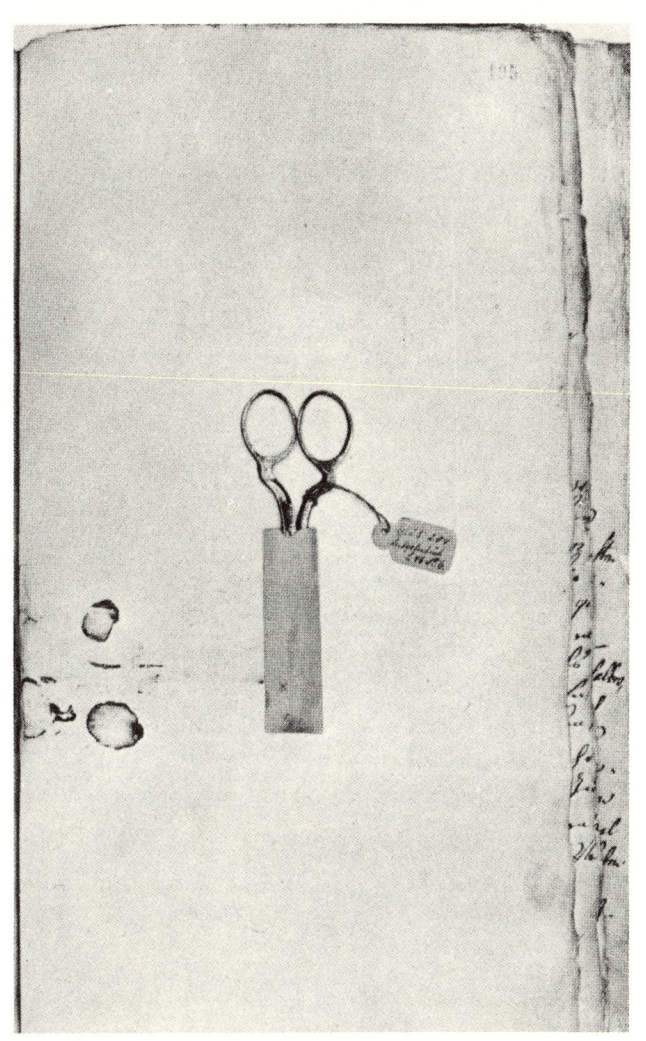

8. Das angebliche Tatwerkzeug

Die den Prozeßakten beigegebene Schere ist –
entgegen Darstellungen bis in heutige Zeit –
nicht als Tatwerkzeug anzusehen
(vgl. 20. Kapitel).

feines obigen unterthänigst gehorsamsten Bittens der Gerech=
tigkeit ihren Lauf lassen.

Hierauf hat man die Inquisitin, nachdeme sie sich von der sie
befallenen Ohnmacht wiederum so ziemlich erholet, durch eine
Port Chaise ad locum unde zurückbringen und den Herrn
Pfarrer Willemer von Amts wegen ersuchen lassen, sich also
gleich zu ihr zu verfügen und ihr Trost zuzusprechen. Im übri=
gen soll dieses protocoll zu weiterer grosgünstigen Verfügung
bey Einem HochEdlen Rath verlesen werden.

In fidem J. J. Rost act. vic. jur.

Einen Tag darauf, am 11. Januar, wird das Gnaden-
gesuch in einer außerordentlichen Ratssitzung und in Anwesenheit der Syndici abgelehnt:

Solle man, nachdeme nicht die geringste Ursache einer Be=
gnadigung vorhanden ist, das gegen sie ausgesprochene Urthel
fördersamst vollziehen und ihr hiervon weitere ungesäumte
Nachricht ertheilen.

Die Übermittlung der Nachricht wird — wie das schon
wiederholt in delikaten Angelegenheiten geschah — dem
Ratsschreiber Dr. Claudy übertragen. Er hat in einem län-
geren und sehr ausführlichen Bericht über die letzten Tage
des kurzen Lebens von Susanna Margaretha Brandt auch
diese Situation geschildert: Wie nämlich zunächst zwei
evangelisch-lutherische Geistliche zu der Delinquentin geschickt werden, um sie auf den Tod vorzubereiten, und wie
schließlich auch der Pfarrer Willemer am 11. Januar, als
die Begnadigung abgelehnt wurde, noch beauftragt wurde,
gegen 2 Uhr die Maleficantin zu besuchen und sie auf die
unausweichliche Nähe des Todes vorzubereiten. Und dann
schildert Dr. Claudy sein Erscheinen bei der Todeskandidatin:

Ich bin also den 11ten Januar nachmittags gegen 3 Uhr zu
der Delinquentin auf den Catharinen Thurm gegangen und ha=
be dieselbe in des gemeinen weltlichen Richter Weines ordent=

licher Wohn-Stube, für welcher und in derselben ein Unteroffizier und 4 Gemeine Soldaten die Wacht habend gestanden, und bey ihr Herrn Pfarrer Willemer und mehrere Personen angetroffen.

Dieser Herr Geistliche hat der Delinquentin sehr tröstlich zugeredet und, nachdeme ich alle in der Stube zugegen gewesenen Personen biß auf Herrn Pfarrer Willemer einen Abtritt zu nehmen ersuchet, und abgetretten gewesen, hat mehr besagter Herr Pfarrer die Maleficantin Brandtin unter eigenem weiteren geistlichen Zuspruch nochmahlen befragt: „sie könnte, wie sie ihme schon mehrmahlen gestanden, nicht leugnen, daß sie ihr lebendiges Kind unter all denen ihr am besten bekannten Umständen mishandelt und umgebracht habe? Worauf Delinquentin antwortete: Ja." Hierauf ersuchte ich Herrn Pfarrer Willemer, mit weiteren Reden in etwas einzuhalten, und machte der Maleficantin den weiteren auf ihr Gnaden-Gesuch den 11ten currentis gefasseten Rath-Schluß, als der vorhandenen sehr schicklichen Gelegenheit, mündlich bekannt, in verbis: Ihr habt gestern als den 10. curr. bey der auf löbl. officio Examinatorio auch beschehenen Eröffnung der Todtes-Urthel um Gnade angesucht. Dieses darüber gefaßte Protocoll ist anheute bey Einem HochEdlen und Hochweisen außerordentlich versammlet gewesenen Rath öffentlich verlesen, aber auch zugleich weiter wohlerwogenen euch allzuwohl bekanndten und rechtlichen Ursachen nach, daß es lediglich bey deme euch schon eröffneten und also wißenden Todtes-Urthel sein Verbleiben haben solle, beschlossen worden. Delinquentin erschrak hierüber, entfärbte sich in etwas und sagte, wiederum sich erhohlend: sie beklage ihr junges Leben und bate sich

1mo einen weißen Habit für den Tag ihres Todtes aus, sodann

2do daß von ihren annoch vorräthigen Kleidungs-Stücken und Mantel die inzwischen arme Waysen gewordene Schuhmacher Wetzelische Kinder, deren Vatter sie 3 Gulden für Schuh schuldig verblieben, bezahlet werden mögten und

3tio ein reformirter Geistlicher ihr annoch das heilige Nachtmahl reiche.

Beyde erstern Anliegen habe ich zu besorgen versprochen, und was den Empfang des heiligen Abendmahls anbelanget, ist Delinquentin nachhero selbsten wiederum davon abgegangen, weilen ihr Herr Pfarrer Willemer zu vernehmen gegeben: es seye noch nicht lange, daß sie dasselbe empfangen, jedoch komme es auf sie an: der Glaube an Jesum Christum und an dessen Verdienst seye das allerbeste. Worauf Delinquentin nochmahlen sich erklärete: Das Heilige Nachtmahl nicht zu empfangen. Ich aber ginge sodann wieder weg.

22. Kapitel
Der Pfarrer soll der Todeskandidatin Trost spenden

Susanna Margaretha Brandt wird in ihrem Gefängnis im Katharinenturm von einem Unteroffizier und vier Mann bewacht. Nachdem die Verhöre abgeschlossen sind, besteht ihr Kontakt mit der Umwelt nur in den Geistlichen. Von ihnen hat sie, wie gewünscht, das Abendmahl empfangen, die Pfarrer Willemer und Zeitmann beten mit ihr, lesen Bibelstellen, versuchen Trost zu spenden und sie auf diese Weise auf den Tod vorzubereiten. Es ist nicht klar ersichtlich, inwiefern diese christlichen Bemühungen Erfolg hatten. Es scheint aber, als ob hier ein wenig zuviel des Guten getan wurde. Bei den Kriminalakten findet sich jedenfalls der Bericht eines Geistlichen, des Pfarrers Zeitmann, wenige Tage nach der Hinrichtung geschrieben, der in diesem Punkt Zweifel aufkommen läßt.

Als ich Montags Nachmittag zur Maleficantin Brandin kam, war das ihr erstes Wort: Sie verlange noch einmal das Heil. Abendmahl zu empfangen. Da ich nun hierüber einige Verwunderung merken ließ, weilen sie erst früh Morgens mir bezeuget, wie sie gantz getrost wäre und weiter im geringsten kein Anliegen mehr hätte, so bezeugte sie: wie sie nicht an das Heil. Abendmahl weiter würde gedacht haben, wenn der nicht noch bey ihr gegenwärtige und ohngerufen erschienene Herr Candidat Caspari sie daran erinnert und auf eine nicht genug überlegte Weise darum befraget hätte. Ich konnte mich nicht enthalten, ermeldeten Herrn Candidaten zu fragen, wer ihm hiezu die Vollmacht ertheilet hätte, erhielte auch zur Antwort, es geschehe auf ordre Herrn Rath-Schreibers Dr. Claudi. So bald Herr Collega Willemer kam und diesen Vorgang mit Verwunderung vernahm, so fragten wir die Maleficantin noch einmahl in Gegenwart aller Anwesenden, ob sie ein besonderes Verlangen nach dem Heil. Abendmahl trüge und etwa besondere Freudigkeit zum Todt dadurch zu erlangen glaube?

Sie bezeugte aber nochmahls, wie sie eben kein solch Vertrauen darauf seze, sondern es auf die Vorstellung Herrn Cand. Caspari zu empfangen verlanget habe. Sie wolle es aber dabey bewenden laßen und zufrieden seyn.

Ich fing also meine Unterredung mit ihr an, und sucht sie durch Zueignung Krafft des Todtes und der Auferstehung dafür getrost zu machen.

Während meines Vortrages kam Herr Pfarrer Kraft und bezeugte mit Verwunderung, wie er auf Befehl des Wohlregierenden Herrn Bürgermeisters komme, um der Maleficantin das Heil. Abendmahl zu reichen. Ein Grenadier von der Hauptwache fragte dabey, wo er das Brod und den Wein holen solte.

Allein als Herr Pfarrer Kraft den wahren Verlauf der Sache hörte, die Maleficantin auch selbst vernahm, daß sie, ohne das Heil. Abendmahl nochmahls zu empfangen, dennoch ruhig und getrost sterben wolle, abstrahirte Er zwar gar gerne von Reichung des Heil. Abendmahls, fing aber in unserer Gegenwart an, auf eine sehr nachdrückliche Weise die Maleficantin auf die Erkentnüß ihrer Sünden zu führen. So gut auch dieser Vortrag war, so geschahe er doch zur unrechten Zeit, indem wir dies längst ihr vorgetragen und mit sicheren Merkmahlen den Seegen davon an ihrem armen Hertzen verspüret hatten. Daher kame es aber, daß nun aller Trost, den ich ihr aus dem süßen Evangelio Jesu zueignen wolte, durch diesen Vortrag in etwas gehindert wurde. Ich bezeugte es also Herrn Pfarrer Kraft, wie wir ihr dies längst mit Nutzen vorgetragen hätten und jezo unsere Betrachtungen auf das Evangelium zu richten im Begriffe stünden, darauf er sich dann auch mit aller einem Geistlichen anständigen Bescheidenheit entfernte.

Daß nun alles wie oben gemeldet sich so verhalten, solches habe ich nicht nur eigenhändig berichten und unterschreiben, sondern auch mit meinem gewöhnlichen Siegel bekräftigen wollen.

Frankfurt, d. 20. Jan. 1772
Johann Carl Zeitmann, Pfarrer

Die protestantischen Geistlichen sind bis zur Minute der Exekution um die Übeltäterin — um den in den Criminalia gebrauchten Ausdruck »Maleficantin« einmal so im wörtlichen Sinne zu verwenden — besorgt: Sie verbringen — seit der Urteilsverkündung — die Tage mit ihr und vor der Hinrichtung auch die letzte Nacht. In den Berichten, aus denen wir noch zitieren werden, wird davon wiederholt gesprochen. Das Motiv für diese Bemühungen ist wohl nicht nur in der Sorge um das Seelenheil der Todeskandidatin zu suchen, man wird wohl ebensosehr besorgt gewesen sein, daß sie auch physisch die qualvollen Tage und Stunden bis zur Hinrichtung durchhält. Einen Hinweis auf ihren schlechten gesundheitlichen Zustand haben wir ja bereits aus den Urkunden der Zeit zitieren können. Es wird davon noch einmal die Rede sein bei den letzten Vorbereitungen für das traurige Spektakulum, das für den 14. Januar 1772 auf der Hauptwache vorgesehen ist.

23. Kapitel

Der Scharfrichter bittet, die Exekution seinen Söhnen zu überlassen

Für das, was nach der Urteilsverkündung geschieht, ist der sogenannte Nachrichter zuständig. Er ist zugleich auch der Scharfrichter, der die Exekution vorzunehmen hat. In Frankfurt liegt dieses Amt in den Händen von Johann Anton Hoffmann. Er ist nicht mehr der jüngste, sein ältester Sohn ist 25 Jahre alt und ebenfalls Scharfrichter, und zwar in Groß Gerau unweit von Frankfurt. Die Hoffmanns sind eine der bekanntesten Scharfrichter-Familien jener Zeiten. So ein Henkersamt, das nicht eben großes Ansehen genießt, wird im allgemeinen weitervererbt. Anton Hoffmann wird damals gut 50 Jahre alt gewesen sein, und seine Aufgabe wäre es gewesen, die zum Tode Verurteilte mit dem Schwert hinzurichten. Am 9. Januar wird er also auf das Amt bestellt und ihm bekanntgemacht, daß die Inquisitin Brandin in den nächsten Tagen mit dem Schwert vom Leben zum Tod gebracht werden solle, man möchte also von ihm hören, ob er sich zutraut, diese Hinrichtung zu vollziehen, ihn aber auch ernstlich daran erinnert haben, sich deswegen genau zu prüfen, damit ihm nicht großer Nachteil entsteht, wenn die Hinrichtung nicht mit einem Streich vollzogen würde. Für die Antwort des Scharfrichters zitieren wir wieder das Protokoll:

Hierauf erklärte der Scharfrichter Hoffmann:

Wie daß aus denen bey seiner Annahme von Marburg überbrachten atteſtatis erſichtlich ſeyn würde, daß er mehrere der gleichen Hinrichtungen glücklich und in einem Streich verrichtet habe, und er getraue ſich auch die vorſtehende Execution ſo zu verrichten, daß ihme hieraus kein Nachtheil oder Verantwortung zuwachſen ſolle. Nur wolle er gehorſamſt gebeten haben, ihm den eigentlichen Tag der Hinrichtung ſobald möglich bekannt zu machen, damit er ſich in Ereffnung der deßfalls nöthigen Anſtalten darnach richten könne.

Was immer auch die Gründe gewesen sein mögen: der Scharfrichter Hoffmann ist am nächsten Tag nicht mehr bereit, die Hinrichtung vorzunehmen. Am 10. Januar richtet er die untertänigste Bitte an den Senat, die bevorstehende Exekution der verurteilten Kindesmörderin seine beiden Söhne verrichten zu lassen:

> Mein ältester Sohn ist bereits sechsund zwantzig Jahre alt und stehet schon selbst am Amt, wo ihm eine Verrichtung dieser Art zu seinem weiteren Fortkommen ebenso vortheilhaft seyn, als der Verurteilten ihre Strafe durch einen starcken, jungen, geschickten Arm erleichtert werden würde. Und mein anderer Sohn hat ebenfalls sein zwantzigstes Jahr passirt.
>
> Wir haben hier Beispiele von Exekutionen, die durch weit jüngere Leute wohl ausgeführet worden sind, und meiner Frauen Bruder Lindmeyer selbst hat hier schon in seinem sechzehenden Jahre, erst am Hochgericht eine, und zwei Jahre hernach, also in seinem 18ten eine andere mit dem Schwerd auf dem Echaffaut verrichtet, so daß desto weniger bei meinem Sohn, der bereits so viel älter, stärcker, sicherer und gesetzter ist, zu befürchten seyn, vielmehr das Leiden der Unglücklichen durch ihn schneller und besser beendigt werden wird.

Der in der Bittschrift enthaltene Wunsch wird vom Rat der Stadt am 11. Januar akzeptiert. Aber man erachtet es als notwendig, den ältesten Sohn des Scharfrichters vor das Amt zu bestellen und ihn auf seine Eignung zu testen: Man nimmt es in allen Punkten sehr genau, wie wir schon wiederholt bemerkt haben. In Anwesenheit der Senatoren Reuß und Dr. Textor wird am 13. Januar die Prüfung vorgenommen:

> Wie er heiße, wo er wohne und wie alt er seye?
> R: Johann Heinrich Hoffmann, zu Gros Gerau wohnhaft, 25 Jahre alt.
> Ob er schon mehrere arme Sünder mit dem Schwerd hingerichtet habe?
> R: Nein.

Ob er sich dann getraue, die Arme Sünderin Brandin mit einem eintzigen SchwerdStreich hinzurichten?

R: Ja. Mit der Hülfe Gottes.

Hierauf hat man ihn von Amts wegen ernstlich erinnert, sich wohl zu prüfen, die ihm auf Ansuchung seines Vatters von Einem HochEdlen Rath aufgetragene Hinrichtung der Brandin so zu vollstrecken, wie es die peinliche Rechte und Gesetze erfordern, damit nicht, wann dieselbe wieder alles Hoffen und Vermuthen mißlingen solte, ihme schwehre Verantwortung und Strafe zu Theil werden mögte.

Im übrigen ist sothaner Hoffmann von groser Statur, starkken Gliedmasen, und bezeigt eine grose Munterkeit, so daß man sich von ihm versprechen kann, es werde von demselben die Hinrichtung der Brandin glücklich und wohl verrichtet werden.

24. Kapitel
Die letzten Vorbereitungen für die Hinrichtung werden getroffen

Am 11. Januar 1772 ist das Gnadengesuch abgelehnt worden. Noch drei Tage ihres kurzen und freudlosen Lebens hat die Dienstmagd Susanna Margaretha Brandt vor sich. 24 Jahre alt ist sie geworden, sie hat weder lesen noch schreiben gelernt, von den Freuden des Lebens hat sie nichts mitbekommen, und als endlich einmal ein Mensch nett und lieb zu ihr war, hatte der nur sein eigenes Vergnügen im Sinn, wurde ihr das kurze Glück zum Verhängnis. Ihr Los war es — so meinte sie, und so war sie erzogen worden —, im Schatten zu stehen, Anordnungen auszuführen, Befehlen zu gehorchen. Ihr Bett stand in der Küche des Gasthauses zum Einhorn, sie hatte kein eigenes Zimmer, verfügte über keinen Besitz außer einigem »Gelumps« an Kleidern, ihr Lohn war so niedrig, daß sie auf die Trinkgelder angewiesen war, die zu Zeiten der Frankfurter Messe von den Gästen spendiert wurden.

Die Zeit läuft ab wie die letzten Körner einer Sanduhr: Wenn es dem Ende zugeht, scheinen sie um so schneller und unaufhaltsamer nach unten zu rinnen. Die letzten Vorbereitungen für die Exekution sind zu treffen. Zwei Maßnahmen seien dabei herausgehoben: einmal die Aufstellung eines Gerüstes für die Hinrichtung und zum anderen die militärischen — oder polizeilichen — Sicherheitsvorkehrungen: Man wußte ja nicht, wie das Volk auf die Hinrichtung reagieren würde.

Mit der Errichtung des Holzgerüstes — eines »Echavot«[1] — wird das Bauamt der Stadt beauftragt, und dieses blättert seinerseits in alten Kriminalakten der Stadt aus dem Jahre 1745, um festzustellen, wie man es damals gemacht hat — die Hinrichtung aus dem Jahre 1758 scheint man vergessen zu haben. Der Platz vor dem Röhrenbrunnen an

---

[1] aus dem franz. échafaud = Schaugerüst, Schafott

der Hauptwache ist also für die Exekution bestimmt worden. Das Schafott wird unverzüglich gezimmert: 22 Schuh lang und ebenso breit (etwa 7 mal 7 Meter) und 6½ Schuh hoch (circa 2 Meter). Es wird, am Tag vor der Hinrichtung, am 13. Januar, auf drei Wagen verladen und, von sämtlichen Zimmermeistern und -gesellen begleitet, in einem ordentlichen Zug über die Zeil zur Hauptwache gebracht, dort aufgeschlagen und von Soldaten bewacht. Als Lohn erhält jeder Geselle »wie in anno 1745« 30 Kreuzer. — Nach der Hinrichtung wurde das Gerüst von den Knechten des Nachrichters Hoffmann abgebaut und zur eigenen Verwendung — so hatte es der Rat der Stadt verfügt — mitgenommen. An der Stelle, wo das Gerüst gestanden hat, wurden vier Steine mit einem eingehauenen »E« — wahrscheinlich für Exekution — in das Pflaster eingesetzt. Niemand aber kann heute sagen, wo diese Steine verblieben sind. Die Stadtväter treffen noch eine ganze Reihe von vorsorglichen Maßnahmen für das Ereignis der Hinrichtung. Man möchte fast sagen: Sie haben an alles gedacht — aber das soll in der Sprache und im Stil jener Zeit geschildert sein, so wie es in der Aktennotiz des Bauamtes niedergelegt ist:

Ansonsten wurde auch verordnet, daß alle Planken an der Röhre, der Kirche und an dem Haus zu dene 3 Königen ausgehoben, unter das Schavot einige Fuhren Sand gebreitet und bis an den Thurm, wo die Delinquentin hergeführet, ein Gang gestreuet werde.

Dem Stadt-Brunnen-Meister wurde anbefohlen, mit seinen Leuthen sich an den Röhr-Brunnen zu stellen und zu sorgen, daß an solchem kein Schaden und Unfug geschehe.

Anbey wurde verfüget, daß kein Einzler[2] noch Gutscher[3]

---

[2] Mit Einzeler oder Eintzler wurde in Frankfurt ein Fuhrmann bezeichnet, der die zu Wasser per Schiff angekommenen, mindestens drei Zentner schweren Frachtgüter abfährt und zuführt. Er darf nur ein Pferd einspannen.

[3] Gutscher statt Kutscher: fährt Personen im Wagen.

auf den Platz fahren, und solcher überhaupt mit nichts versperret würde.

Dem Laternen-Inspector wurde aufgegeben, die Laternen auf denen Stöcken daselbst abzuheben, und dem Stadt-Gärtner anbefohlen, auf die Linden-Bäume daselbst acht zu geben, daß solche keinen Schaden nehmen.

Endlich wurde zur Vorsorge von rauhen Dielen ein Trag-Stuhl verfertiget, die Delinquentin allenfalls wegen Ohnkräften darauf tragen zu lassen, welcher aber, da er nicht gebraucht worden, auf der Modellen Stube verwahret wurde.

Sind die Vorkehrungen, die von der Stadt zum Schutz der Laternen und Lindenbäume getroffen werden, einigermaßen beachtlich, so sind die Maßnahmen zur Aufrechterhaltung von Ruhe und Ordnung während der bevorstehenden Exekution durchaus bemerkenswert. Der jüngere Bürgermeister hat seine Wünsche an das Kriegszeugamt der Stadt gerichtet, und der Obrist und Kommandant Bauer von Eyseneck ordnet im einzelnen die militärischen Maßnahmen für den 14. Januar an:

1. Morgens um 5 Uhr soll ein Unteroffizier mit 12 Mann den Katharinenturm besetzen und mit drei weiteren dort bereits postierten Soldaten »das zudringende Volk« abhalten.

2. Die Mannschaften auf der Hauptwache sollen verdoppelt werden.

3. Ein Unteroffizier und 2 Mann werden vor das Gefängnis des arrestierten Herrn Senckenberg[4] gestellt und

---

[4] Johannes Erasmus Senckenberg: Jüngerer Bruder von Johann Christian Senckenberg, dem bekannten Arzt und Naturforscher, nach dem die Senckenbergische Naturforschende Gesellschaft benannt ist. Johann Erasmus hatte Jura studiert, wurde in Frankfurt auch in den Rat gewählt. Er soll einen zügellosen Lebenswandel geführt haben und wurde wegen Vergehen im Amt seines Ratssitzes enthoben. 26 Jahre lang, von 1769 bis zu seinem Tod 1795 wurde er auf der Hauptwache im Gefängnis in Haft gehalten.

erst abgezogen, wenn die Exekution vorüber und alles ganz ruhig ist.

4. Zur Begleitung — »Convoy« heißt es in der Order des Kriegszeugamtes — der Inquisitin haben sich 30 Mann Grenadiere unter Anführung eines Leutnants um 9 Uhr am Katharinenturm einzufinden.

5. 6 Mann sollen mit Springstöcken vor dem Zug das hinzulaufende Volk abhalten.

6. In alle Straßen der Stadt sind Sicherheits-Patrouillen zu schicken, bis die Exekution vorüber und alles wieder ruhig sein wird.

7. Morgens um 6 Uhr muß ein Unteroffizier mit 6 Mann den Scharfrichter »zur Bedeckung« abholen und nach der Exekution wieder nach Hause bringen.

8. Um den Gerichtsplatz sollen zwei Kompanien unter dem Kommando des Majors einen Kreis formieren, das zudringende Volk abhalten und niemand einlassen als diejenigen, die zur Begleitung der Inquisitin gehören.

9. Der Rest der Garnison soll bewaffnet und auf den Paradeplatz (der unmittelbar neben der Hauptwache lag) beordert werden.

10. Ein Unteroffizier und zwei Mann werden auf der Gerichtsstatt vor der Stiege des Schafotts postiert: Sie dürfen nur die Inquisitin mit den Geistlichen und den Scharfrichter mit seinen Leuten hinaufpassieren lassen.

Soweit die Anordnungen, und dann schließt sich eine Frage an, ob nämlich alle, die zur Exekution kommandiert sind, scharf laden sollen. Die Antwort lautet: quod non (also: Nein). In einem weiteren Zusatz wird angeordnet, daß die Artillerie-Kompanie, außer der Wache, den Wall der Stadt und die Bollwerke besetzen soll.

Damit war, so würden wir es heute formulieren, über die Stadt Frankfurt für den 14. Januar 1772 der Ausnahmezustand verhängt worden. Denn auch die Tore der Stadt wurden, wie die Urkunden an anderer Stelle mitteilen, bis auf zwei geschlossen.

25. Kapitel
Der Oberstrichter berichtet über den Verlauf der Exekution

Alle Umstände sind bedacht, alle Vorbereitungen getroffen: Am 14. Januar 1772, einem Dienstag, gegen 10 Uhr vormittags, wird Susanna Margaretha Brandt hingerichtet. Unter den Tausenden von neugierigen Zuschauern wird auch der 22 Jahre alte Johann Wolfgang Goethe gewesen sein. Sein Onkel, der Senator Dr. Textor, war direkt an der Untersuchung beteiligt.

Über den Verlauf der Exekution sind wir durch zwei Schilderungen von Augenzeugen genau unterrichtet. Beide Berichte gehören zu den Prozeßakten der Criminalia 1771/72. Der erste Bericht — die Relatio, wie es im Aktenvermerk heißt — ist vom Obrist-Richter Johannes Raab abgefaßt worden. Er betrifft die Vorgänge am 14. Januar 1772:

Nachdem durch das verehrliche Raths-Conclusum vom 7ten dieses die Verordnung geschehen, daß die Susanna Maria Brandin, wegen des an ihrem neugebohrnen Kind ausgeübten vorsetzlichen Mordes, mit dem Schwerdt vom Leben zum Tode zu bringen, und der heutige Tag zu dessen Vollziehung bestimmt worden: Sie wurde Morgens um halb sechs Uhr durch eine Stadt-Kutsche auf dem Catharinen-Thurm abgeholet, woselbst ich die beyde Herre Geistliche Willemer und Zeitmann in der Wohnstube des Richters betend mit der Maleficantin antraf. Nach einer kleinen Verweilung erschiene ebenfalls Herr Rathschreiber Dr. Claudi, da dann gedachter Brandin das Todes-Urteil durch ersagten Herrn Rathschreiber in meiner und des Nachrichter Hofmann nebst seiner Söhne Gegenwart gleich nach 6 Uhr laut und deutlich vorgelesen — sodann der Staab von mir mit folgenden Worten gebrochen worden: Auf Befehl Eines HochEdlen Raths breche ich euch, Brandin, also hiermit den Staab, und übergebe euch dem Nachrichter Hofmann, daß er das Urteil auf die vorgeschriebene Art vollziehen möge, wobey dieselbe sich gantz gelassen bezeigte. Darauf be=

gaben sich beede Herren Geistliche mit der Maleficantin in das so genannte arme Sünder Stübgen, nachdem solches geschehen wurde gegen 8 Uhr der Tisch gedeckt, und die zubereitete Speißen aufgetragen, von welchen Herr Rathschreiber, die beeden Herren Geistliche, ich, sodann der Trompeter Göring und Einspänniger[1] Glöckler, jeder, soviel ihm beliebte, genoßen, da mitler Zeit die beyde älteste Candidaten die arme Sünderin, welche das zu verschiedenen mahlen ihr angebotene Eßen jedesmal abgeschlagen, im Gebet unterhielten.

Um halb zehen Uhr erschiene der Stöcker und zeigte an, daß währendem Läuten der Vater-Unser Glock in der Barfüßer Kirche die Sturm Glocke zum ersten — eine viertel Stunde hernach zum zweyten — und abermal nach Verlauf einer viertel Stunde zum dritten mal durch ihn angeschlagen worden, auf welche Anzeige dann alles zum Ausführen veranstaltet — und der armen Sünderin beym Austritt aus dem Stübgen an der Stiege die Hände durch den Stöcker und seinen Knecht gebunden — und solche vom Thurm herunter gebracht wurde. Worauf mich in Begleitung der beeden Einspänniger zu Pferd setzte, hinter uns folgte aber die arme Sünderin, welche von denen beeden Herren Geistlichen und 2. ältesten Candidaten unter beständigem Beten und Singen, bis auf das gegen der Catharinen Kirch über aufgeschlagene Gerüste begleitet wurde, woselbst sodann, währendem eifrigen Gebet das Todesurteil durch des Nachrichters Hofmann ältesten Sohn von großen Gera durch einen Hieb glücklich und wohl vollzogen — der Körper hingegen, nachdem sich das Volk ein wenig verlaufen, in einem Sarg durch des Nachrichters Knechte auf dem Karn nach gutenLeuten abgeführet und daselbst begraben worden. So geschehen Frankfurt den 14ten Januarii 1772.

Johannes Raab
Obr. Richter und Fisc.

---

[1] Einspänniger: Einfacher städtischer Beamter, der wie die Trompeter den beiden Bürgermeistern zur ständigen Bedienung beigegeben war. Es gab in Frankfurt zwei Einspännige und vier Trompeter.

26. Kapitel
Der Ratsschreiber schildert die letzten Tage bis zur Hinrichtung am 14. Januar 1772

Der Bericht des Obrist-Richters ist knapp gehalten. Vieles von dem, was sich am Tag der Hinrichtung zutrug, ist darin nicht erwähnt. Um so ausführlicher ist der zweite in den Prozeßakten überlieferte Bericht des Ratsschreibers Claudy. Seine »umständliche Relation« ist auf Anordnung des Rates der Stadt abgefaßt worden, um für künftige Fälle festzuhalten, wie es bei der Exekution der Kindsmörderin Susanna Margaretha Brandt zugegangen ist. Man hat nämlich in alten Kriminalakten nachgesehen und festgestellt, daß es keine genauen Berichte darüber gibt, wie es beim Vollzug eines Todesurteils »in Ansehung aller vorkommenden Solennien gehalten zu werden pflege«. Es geht also, kurz gesagt, um Protokollfragen.

Die letzte Hinrichtung in Frankfurt hatte im Jahre 1758 auf dem Roßmarkt stattgefunden, davor gab es eine Exekution 1745. In beiden Fällen handelte es sich um Kindsmörderinnen. Die Prozeßurkunden werden gleichfalls im Frankfurter Stadtarchiv aufbewahrt. Dem Verlangen des Frankfurter Senats nach Gründlichkeit und Exaktheit verdanken wir also den ausführlichen Bericht über die letzten Tage des kurzen Lebens der Susanna Margaretha Brandt. Der Ratsschreiber Claudy jedenfalls hat sich alle Mühe gegeben, die Ereignisse vom 11. bis zum 14. Januar 1772 mit allen Details zu schildern. Wir haben aus seinem Bericht bereits einige Stellen zitiert und werden ihn nun hier und in den beiden folgenden Kapiteln wieder zu Wort kommen lassen.

Wir nehmen den Bericht des Ratsschreibers an der Stelle auf, an der er die Anordnungen — die »Requisitionen« — des jüngeren Bürgermeisters beschreibt, wovon die erste unter a) an das Kriegszeugamt wegen der militärischen Maßnahmen gerichtet ist — darüber haben wir schon berichtet, als wir die Anordnungen der Militärs zitierten. Wir sind also noch bei der Schilderung der Ereignisse des 11. Januar 1772:

In eben solcher Absicht ist eine Requisition b) an löblich. Bau-Amt (1.) wegen zeitiger Erbauung des vor dem an dem Parade Platz stehenden Röhr Brunnens zu errichtenden Executions Schaffauts, (2.) des Stuhls für die Maleficantin, auf welchem dieselbe executiret werden soll, und (3.) auf den Fall, wann dieselbe nach dem Gerichts-Platz, Schwachheit halber, nicht mehrgehen könne, ein Trag-Sessel oder Stuhl, zur Helfte offen, verfertiget werden möchte, erlaßen worden.

Weilen nun annoch c) löbl. Hospital-Amt (1.) für die in solchen betrübten Fällen auf den Executions Tag gewöhnliche Mahlzeit und Getränck, (2.) die Kleidung der Maleficantin und (3.) den Sarg zu besorgen hat, so ist auch dieses löbl. Amt dem 11. curr. behörig requiriret worden.

Eodem wurde von dem jüngeren Herrn Bürgermeister, dem Herrn Obrist-Richter und dem Nachrichter, was ihr Amt und Stand mit sich bringe, zu verrichten der Befehl ertheilt.

An eben diesem Tag erkundigte ich mich annoch bey dem Herrn Hospital-Meister Sauer: wie die Kleidung der Delinquentin auf den Tag der Execution beschaffen? und weilen mir derselbe die Antwort ertheilte: daß albereits weißes Leinwand zum Jack und Rock gekauft worden und von der auf dem Catharinen Thurm sitzenden, gewesenen Dienstmagd des arrestirten Raths-Verwandten Herrn Senckenbergs Catharina Schmalbachin genehet und der Jack mit einigen schwarzen Baendern und Schlüpfen, wie bey der executirten Frölichin[1], besetzet würde, so ließe dieses der Maleficantin zu einiger Beruhigung wißen.

Vom 11. curr. biß den 14. sind beständig wechselsweiß die bestimmte Herren Geistliche und einige hiesige evangelisch lutherische Candidaten bey derselben gewesen und haben ihr mit Trost zugesprochen, und zwar vom 13ten des Nachts auf den 14. sind letztere bey der Delinquentin verblieben.

---

[1] Die ledige Anna Maria Frölich wurde 1758 wegen Kindsmordes mit dem Schwert hingerichtet.

Den 14. curr. als dem Tage, an welchem das Todes Urthel an der Susanna Margaretha Brandtin vollzogen werden sollte, ist vorerst Herr Pfarrer Zeitmann als jüngster Prediger, sodann Herr Pfarrer Willemer, jeder besonders in einer Stadt-Kutsche 5 Uhr morgens, wobey vor diesesmahl, weilen der Ordonnanz Brandt mit der Delinquentin verwandt gewesen, der Ordonnanz Walther zu einiger Bedeckung gewesen, gegen halb sechs Herrn Obrist-Richter Raab in seinem Hauß in eben einer Stadt-Kutsche und mit der Ordonnanz, und dann endlich ich eben also gegen 6 Uhr morgens abgehohlet und zu der Maleficantin nach dem Catharinen Thurm gefahren.

An der Catharinen Thurm Thüre und auch an dem Zimmer des Gemeinen Weltl. Richter Weines habe die Wache nach dem Befehl löbl. Kriegszeug-Amts, in der Stube selbsten aber die beyde Herrn Geistliche Willemer und Zeitmann, Herrn Obrist-Richter in seiner völligen Executions-Kleidung, eines schwartzen Kleids, mit Stiefeln und Sporen, den rothen Mandel mit dem darauf gehefteten grosen Stadt-Wappen von Silber, den weisen Adler und, wie ich besonders angemerckt, in einem goldenen Feld, umhabend und den zum Verbrechen bereit gewesenen kleinen rothen Staab, woran ein gleich ähnlicher hierbey liegt, verborgen haltend, ferner die beyde aelteste Candidaten Herr Raab und Samm, die Delinquentin in ihrem völligen Todten-Kleid, der weisen Haube, des weisen leinenen Jacks mit schwartzen Schlüpfen, weißen dergleichen Rocks, weiße Handschuh anhabend, in den Händen ein zusammen gefaltetes weißes Sacktuch und eine grose Citrone haltend, und den Nachrichter samt seinen beyden Söhnen vor der Stuben-Thür stehend, als welche indessen von einem Unterofficier mit 6 Mann Bedeckung vor 6 Uhr morgens dahin gebracht worden, angetroffen, und haben die Herrn Geistliche beständig mit der Maleficantin gebetet, ihr Trost zugesprochen und gesungen. Biß hieher schiene dieselbe ziemlich unerschrocken zu seyn; als ich aber gleich nach 6 Uhr den Nachrichter Hofmann mit seinen bey sich gehabten beyden Söhnen durch den Befehl des Herrn Obrist-Richters Raab in die Stube treten und auf Befehl Eines HochEdlen und Hochweisen Raths der Maleficantin das ihr schon bey löbl. officio Examinatoris publicirte

9. Protokoll über die Hinrichtung

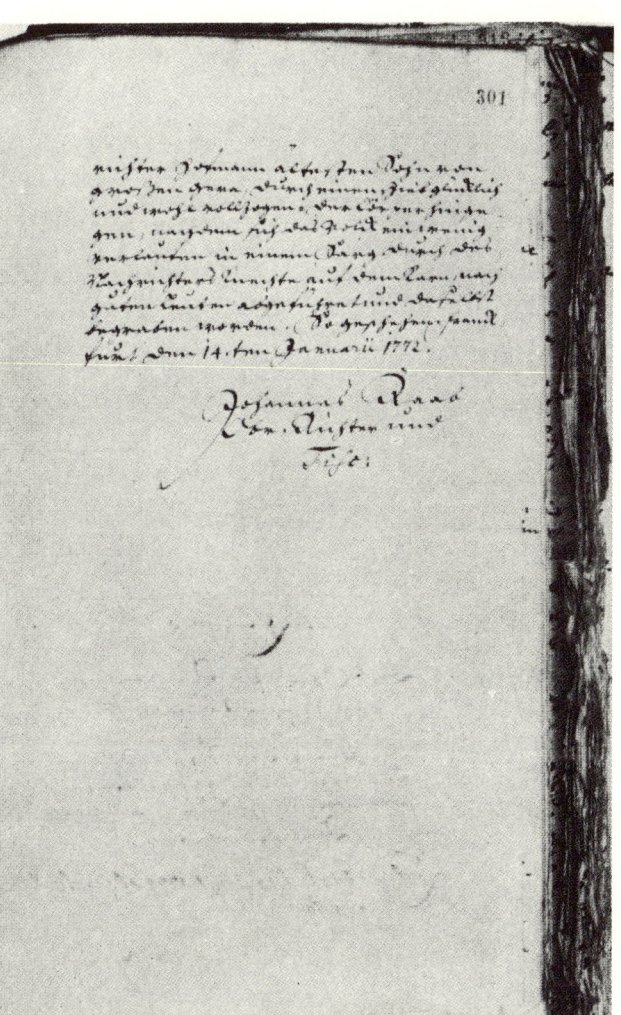

9. Protokoll über die Hinrichtung

Über den letzten Tag im kurzen Leben
der Susanna Margaretha Brandt
berichtet der Oberstrichter Johannes Raab
am 14. Januar 1772 (vgl. 25. Kapitel).

hier nachfolgende Todes Urthel de 7. curr. in Gegenwart vorbesagter und anderer Personen:

In peinlichen Untersuchungs-Sachen wieder Susanna Margaretha Brandtin erkennen wir Bürgermeister und Rath der Kayserlichen freyen Reichs Stadt Franckfurth am Mayn auf vorgängige umständliche Erforschung und Untersuchung der Sache, geführte Vertheydigung, vorgelegte rechtliche Syndicats-Bedenken und sorgfältige Erwägung aller Umständen vor Recht:

daß gedachte Brandtin des an ihrem lebendig zur Welt gebrachten Kinde, nach eigener wiederholter Bekänntnüß vorsetzlich und boshafterweise verübten Mordes halber, nach Vorschrift der göttlichen und weltlichen Gesetzen, und zwar ihr zu wohlverdienten Strafe und andern zum abscheulichen Exempel mit dem Schwerdt vom Leben zum Todt zu bringen und dieses Urthel fördersamst zu vollziehen seye. Geschloßen bey Rath Dienstags den 7. Jan. 1772.

langsam und deutlich vorgelesen, und als ich die Worte: geschloßen bey Rath Dienstags den 7. Jan. 1772 kaum ausgesprochen und dadurch dem Herrn Obrist-Richter die Maleficantin überlaßen, auch damit meine gantze Amts-Verrichtungen sich geendiget hatten, hat der Herr Obrist-Richter den kleinen rothen Staab unter dem Mantel mit den Worten hervorgezogen:

Auf Befehl Eines HochEdlen Raths breche ich euch Brandtin also hiermit den Staab und übergebe euch dem Nachrichter Hofmann, daß er das Urthel auf vorgeschriebene Art vollziehen möge;

sogleich den kleinen rothen Staab gebrochen und solchen der Maleficantin vor die Füße geworfen, den der Richter Kolb aufgehoben und dem Herrn Obristrichter dem Vernehmen nach behändiget haben soll, wobey Maleficantin dergestalten erschrocken, daß ihr einige Minuten alle Glieder gezittert und sie hierauf dem hinter den Ofen gestandenen Nachrichter übergeben, welcher dann hervorgetretten, sie an der Hand gegriffen und zu ihr einige Worte in aller Stille und welche nicht zu verstehen gewesen gesprochen, darauf aber wieder gehen laßen.

Nachdeme ich nun in der schriftlichen Relation des Herrn

Obristrichters ein und ander notabilia nicht aufgezeichnet befunden, so füge annoch bey, daß der Nachrichter hierauf mit seinen beyden Söhnen durch das ihn gebrachte commando wieder nach Hauß geführet, die Maleficantin aber in ein anderes Zimmer auf dem Thurm, so näher an der Stiege liegt und das arme Sünder Stübgen genannt zu werden pfleget, durch die beyden Herrn Prediger begleitet worden, woselbst sie biß zum Wegführen nach dem Gerichts=Platz geblieben. Nach einigem Verweilen sind die beyde aelteste Herrn Candidaten Raab und Samm eben in dieses Zimmer gegangen, haben die Herrn Geistliche abgelöset und inzwischen der Maleficantin weiter Trost zugesprochen.

27. *Kapitel*
Das üppige Henkersmahl schmeckt nur wenigen

Seit jeher war es üblich, einem zum Tode Verurteilten die sogenannte Henkersmahlzeit zu reichen. Bei Susanna Margaretha Brandt wird keine Ausnahme gemacht, im Gegenteil: Es wird so üppig aufgetischt, daß die Mengen an Speisen und Getränken auch von den zahlreichen Personen, die anwesend sind, nicht gegessen werden können. Die Todeskandidatin freilich beteiligt sich nicht an dem Mahl, sie bittet nur um ein Glas Wasser. Hier ist die Schilderung des Henkersmahles, wie sie der Ratsschreiber Dr. Claudy gegeben hat. Die Szene spielt im sogenannten Armen-Sünder-Stübchen im Katharinenturm:

Hierauf wurde ein Tisch in dem Hauptzimmer gedeckt, und das durch löbl. Hospital-Amt besorgte Essen und Wein aufgetragen. Dieses hat, wie ich höre, dem alten Herkommen nach bestanden 1.) in einer guten Gersten Supp, 2.) in einer Schüssel blau Kraut, 3.) einer Schüssel Bratwürste von 3 Pfundt, 4.) 10 Pfundt Rindfleisch, 5.) 6 Pfundt gebackene Karpfen, 6.) 12 Pfundt gespickten Kalbs-Braten, 7.) einer Schüssel confect, 8.) 30 Milchbrodt, 9.) 2 schwartze Hospital Leibbrodt und 10.) 8 1/2 Maas 1748r Wein.

Am Tisch haben Persohnen gesessen: Unterzeichneter, Herr Pfarrer Willemer und Herr Obrist-Richter rechter Hand, Herr Pfarrer Zeitmann und die beyde Einspännige Göring und Glöckler linker Hand, dabey hat serviret der Bender löblichen Hospitals, Meister Freinsheim, dessen Knecht und der Hospital Becker.

Ich habe nichts gegessen, dahingegen der Herr Pfarrer Willemer, Herr Pfarrer Zeitmann und Herr Obrist-Richter Raab etwas weniges, die beyde Einspänniger aber von allem gegessen.

Ich habe der Maleficantin von allen Speisen anerbieten lassen, die sie aber ausgeschlagen und dagegen ein Glaß puren

Wassers gefordert und solches auch getrunken. Denen beyden Herrn Candidaten, weilen es herkömmlich, habe jedem einen Schoppen Wein und zwey Milchbrodt verabreichen lassen.

Zwischen der Zeit bekamen die Gem. Weltlichen Richter ein Maas Wein und einen schwartzen Hospital Leibbrodt, die des Nachts die Wacht gehabte Soldaten aber drey Pfundt Edammer Käß, 1 schwartze Hospital Leibbrodt und 12 Maas Bier.

Wie nun an dem Tisch wenig gegessen und getrunken worden, so wurde der gantze Rest des Essens den Gem. Weltl. Richtern übergeben.

Aber nicht genug mit dieser Reportage vom üppigen Henkersmahl, mit der sich ein Journalist unserer Tage sehen lassen könnte: die Prozeßakten enthalten außerdem noch eine genaue Aufstellung aller Speisen und Getränke. Daraus geht hervor, daß der Gastwirt im »Ritter« das Henkersmahl und das dazu notwendige »Tischgerät« geliefert hat.

28. Kapitel
Der Augenzeuge beschreibt den Gang zum Schafott

Die Richter und Geistlichen hatten sich am frühen Vormittag des 14. Januar 1772 zur Henkersmahlzeit im Katharinenturm an den Tisch gesetzt. Gegen 9 Uhr ist das Mahl beendet. Susanna Margaretha Brandt hat nur noch eine Stunde zu leben. Was sich in dieser Stunde ereignete, hat uns der Ratsschreiber Claudy als Augenzeuge in seinem umfangreichen Bericht geschildert.

Nach 9 Uhr, als bey dem Gebett des Vatter Unsers in der Kirche die ansonsten nur den Freytag geläutete Glocke, wie in solchem executions-Fall gebräuchlich und dem Kirchendiener Hager befohlen gewesen, gezogen wurde, schlug das erstemahl der Stöcker 3 mahl an sogenannte Meß-Glocke und wiederhohlete ein solches, wie ihme durch Herrn Obrist-Richter befohlen worden, 1/4 Stunde darnach mit 3 Schlägen und 1/4 Stunde weiter mit nochmahlen 3 Schlägen, und indessen rückte Herr Lieutenant Geiler mit einem Commando von 30 Grenadier vor den Thurm.

Sobald der Stöcker dieses verrichtet hatte, zeigte er gegen 1/2 10 Uhr es dem Herrn Obrist-Richter auf dem Catharinen Thurm an, und hierauf brachten die beyde Herrn Geistliche die Maleficantin aus dem so genannten Armen Sünder-Stübgen unter Nachtretung der beyden aeltesten Candidaten an die Steg, bey welcher zur lincken Hand der Stöcker und sein Knecht gestanden; diese banden derselbe oben auf der Steg, wofür sie sich allezeit sehr gefürchtet hatte, die Hände und wurfen den Strick um beyde Arme, woran sie auf dem Rücken etwas unter den Schulter-Blättern vom Stöcker gehalten und der Steg hinunter geführet wurde. Hierauf folgte Herr Obrist-Richter und die beyde Einspänniger.

Unten an der Thurm Thüre stiegen diese, als Herr Obrist-Richter in seinem oben bemeldeten Habit mit dem grosen Scepter in der Hand und die Einspänniger in ihren rothen

Röcken zu Pferdt, das bereit gewesene Commando von Herrn Lieutenant Geiler mit 30 Grenadier umgaben die Geistliche Persohnen, Candidaten und Executandin mit des Nachrichters Knechten, Herr Obrist-Richter aber, nachdeme ihme ein kleines commando Soldaten aller Orten Platz gemacht hätte, eilte mit seinem in der Hand habenden Scepter voraus, hinter ihm die beyde Einspänniger und sodann folgte der Zug nach dem Richt-Platz durch die Catharinen Pfordt unter beständigen Singen, Beten und Zurufen der Herren Geistlichen.

Diesem füge annoch bey, daß in aller Stille indeßen der Nachrichter samt seinen beyden Söhnen wie auch dessen andere Knechte mit 2. Commando, jedes von 6 Mann und einem Unterofficier, gleich nach 9 Uhr morgens auf den Richt-Platz an das Gerüste der Execution zur Sicherheit gebracht worden.

Der Zug ginge also mit der Maleficantin, bey denen beständig gesperreten Stadt Thoren, biß auf das Affen- und Neue Thore, an welchen die gewöhnliche Pfortenschließer zu dem allenfallsigen Eröffnen für angesehene Herrschaften bereit gewesen, in Ruhe fort.[1]

---

[1] Diese Stelle ist wiederholt so interpretiert worden, als wäre der Zug mit der Todeskandidatin zunächst durch die Stadt gegangen: über den Main nach Sachsenhausen zum Affentor und von da an den nördlichen Stadtrand zum Neuen Tor am Ende der Vilbeler Gasse. Das ist aber ganz offenbar ein Mißverständnis. Mit der Bemerkung ist vielmehr gemeint, daß zu dieser Zeit alle Stadttore bis auf die zwei genannten geschlossen waren. Das stimmt auch mit den Sicherheitsmaßnahmen überein, die für den Tag der Hinrichtung getroffen wurden. Schließlich ergibt eine zeitliche Nachprüfung, daß zwischen dem Verlassen des Katharinenturmes nach 1/2 10 Uhr und dem Eintreffen des Zuges auf der Hauptwache gegen 10 Uhr kein Spielraum für einen so ausgedehnten Marsch nach Sachsenhausen und zurück durch die Stadt gewesen ist. Dazu wäre wenigstens eine Stunde nötig gewesen. Ferner: Im Mittelalter wäre eine solche Vorführung des Todeskandidaten denkbar gewesen, gegen Ende des 18. Jahrhunderts ist sie es nicht mehr. Dazu kommt die plausibelste Begründung: Der Stadtschreiber hätte über einen solchen Umzug genauso exakt berichtet wie über andere Details.

10. Die Hauptwache, der Richtplatz

Zwischen Katharinenkirche und Hauptwache
wurde das Schafott, ein Holzgerüst
von sieben Metern im Quadrat
und zwei Metern Höhe, errichtet.

An dem Gerichts-Platz, um welchen nach der Catharinen-Kirche zu alle Planken und die Latternen von den Stöcken abgenommen worden, befand sich der Herr Major zu Pferd mit 2 Compagnien welche einen Kreyß (Kreis) um das Gerüst allbereits gemacht hatten, die Garnison war mit ihren Herrn Ober Officier auf dem Parade Platz unter den Waffen versammlet, die Hauptwacht verdoppelt, und gegen 10 Uhr war die Maleficantin langsam, unter immer anhaltendem Singen und Bethen, auf dem Schaffaud angelangt.

Die Herren Pfarrer seegneten sie auf dem Gerüste ein, der Nachrichter führte sie mit der Hand nach dem Stuhl, setzte sie darauf nieder, band sie an zweyen Ort am Stuhl fest, entblösete den Hals und Kopf, und unter beständigen Zurufen der Herren Geistlichen wurde ihr durch des Nachrichters Hofmanns ältesten, zu Großen Gerau als Waffen-Meister stehenden – 26 Jahr alten Sohn, vermöge per Conclusum Senatus de 11. curr. dazu besonders erhaltener Erlaubnuß, durch einen Streich der Kopf glücklich abgesetzt, dem Herrn Obrist-Richter Nahmens Eines HochEdlen Raths, mit dem Executions Schwerdt von dem Executanten ein compliment vermittelst vor sich Beugung der Spitze des Schwerdts gemacht und gefragt worden; ob er das ihme befohlene ausgerichtet habe? worauf Herr Obristrichter antwortete: Er hat sein Amt wohl verricht und gethan, was Gott und die Obrigkeit befohlen hat.

Nach einigem Verweilen und weilen sich die Leute indessen verlaufen, der Körper in einen parat gehabten Holtzenen ohngehobelten Sarg, auf welchem ein schwartzes Kreuz von Strich ohnausgefüllt gemacht gewesen, gelegt, sodann auf den mit neuen Schippen versehenen Schinders Karn unbedeckt gestellet und mit einem commando nach gut-Leuten[2] zur Beerdigung dem Bockenheimer Thor hinaus gebracht.

Nachdem nun also die Execution vollzogen gewesen, haben sich beyde Herrn Pfarrer in die bey denen porte chaisen gestan-

[2] Der Gutleuthof, weit draußen vor der Stadt, flußabwärts am Mainufer gelegen, nahm seit dem Mittelalter die ausgesetzten Leprakranken auf. Das Gebäude brannte 1801 ab, die Gutleutstraße und bis 1970 der Gutleuthof als Gasthaus erinnern noch an den alten Namen.

dene Stadt Kutsche nebst dem Herrn Obrist-Richter gesetzet, welche nach dem Römer um einstweilige mündliche Relation abzustatten, die Herren Geistliche aber nach Hauß gefahren, hier auf alle besonders commandirt gewesene entlassen, und der Nachrichter Hofmann mit den Seinen durch ein commando Soldaten von einem Unterofficier und 6 Mann nach Hauß begleithet worden.

So viel ich mit Zuverlässigkeit vernommen, hat der Nachrichter 10 Pfundt Rindfleisch und 12 Pfundt Kalbsbraten, ehedem gekocht und letzteres gebraten mitsamt der Fleisch- und Braten-Brühe, Topf und Brat-Pfanne, dieses mahl aber alles roh aus löbl. Hospital empfangen, und gegen Abend durch seine Knechte das ihme heimgefallene executions Gerüst abbrechen und nach Hauß führen lassen.

Welches alles auf specialen Befehl hiermit berichten sollen. So geschehen Dienstags den 14. Jan. 1772.

M. A. Claudy IUL[3]
und Rathschreiber
vertatur

---

[3] Gebräuchlicher ist IUD = iuris utriusque doctor: Doktor beider Rechte. IUL = Lizentiat beider Rechte.

29. Kapitel

Die Sargträger genehmigen sich vom Geld der Neugierigen ein Bier

Mit der Enthauptung der Dienstmagd Susanna Margaretha Brandt ist die Geschichte nicht beendet. Der Tragödie folgt ein Nachspiel in zwei Akten, das wie eine Posse wirkt, eine Posse mit zwei banalen Pointen.

Da ist zunächst die Sache mit dem Sarg: Unerlaubtes und Ungesetzliches soll sich nach der Exekution ereignet haben. Um den Fall zu überprüfen, werden der Nachrichter Anton Hoffmann und seine vier Knechte vor den Obrist-Richter zitiert. Das geschieht zwei Tage nach der Exekution, am Donnerstag, 16. Januar. Zunächst wird der Nachrichter vernommen:

Welche von seinen Knechten den Körper der enthaupteten Brandin nach dem Gutleuthof gebracht:

R: Alle vier, als Michel Fuchs, Philipp Nord, Peter Nord und Joseph Stetimfeld.

Es sey die Anzeige geschehen, daß die Knechte unterwegs den Sarg geöffnet und den Körper um Geld sehen laßen, wie sich solches verantworten ließe, und wer ihnen dazu die Erlaubnus gegeben?

R: Er wüßte von der Sache nichts, habe auch seinen Knechten keine Erlaubnus gegeben, sondern ausdrücklich befohlen, sie solten alles ruhig und still, wie es gewöhnlich, verrichten. Er glaubte, daß die Eröfnung des Sargs auf dem Gutleuthof geschehen, um den Körper vor der Einscharrung wieder ordentlich zu legen.

Hierauf wurden die beede Knechte des Nachrichters Fuchs und Stehtimfeld vorgelaßen und befragt: wie sie zu verantworten getrauten, daß sie den Sarg der Brandin unterwegs eröfnet?

R: Unterwegs sey der Sarg nicht eröfnet worden, sondern blos vor der Einscharrung sey, wie gewöhnlich, die Eröfnung geschehen, blos um den Körper wieder in die Ordnung zu legen.

Ob sie von den Zuschauern Geld bey solcher Gelegenheit gegeben worden?

R: Einige ansehnliche Leute, welche bey dieser Gelegenheit mit in den Hof eingedrungen, hätten ihnen sechs Bazen hingeworfen, welche sie hernach mit einander vertrunken, viele wären aber von außen auf die Mauer gestiegen und hätten es mit angesehen.

Ob sie nicht gesehen, daß einem oder dem anderen vom Commando Geld gegeben worden?

R: Das könten sie mit gutem Gewißen nicht sagen. Die Wacht habe keinen Menschen in den Hof gelaßen, vielmehr wären die wenige Zuschauer von außen über die Mauer gestiegen.

Erschienen die beede andere Knechte des Nachrichters, Philipp und Peter Nord, und wurden ebenfalls wie ihre 2 andere Cameraden befragt: Wie sie zu verantworten getrauten, daß sie unterwegs den Sarg der Brandin eröfnet?

R: Es würde ihnen kein Mensch mit Bestand der Wahrheit solches darthun können. Der Sarg wäre nicht eher eröfnet worden, als vor dem Einscharren, indem der Meister Hofmann ihnen befohlen, den Körper wieder in die Ordnung zu legen.

Ob sie nicht von den Zuschauern bey dieser Gelegenheit Geld bekommen?

R: Es seyen verschiedene Leute über die Mauer gestiegen, welche ihnen ohne ihr Begehren einiges Geld, mögten etwa 6 Batzen gewesen seyn, zugeworfen, wovon sie nachgehends Bier miteinander getrunken. Die Wacht hätte niemand hinein- und zu diesem Ende einige Mann vor dem Thor stehen gelaßen, um das Eindringen zu verhindern.

Ob sie nicht gesehen, daß einem= oder anderen von denen Commandirten Geld gegeben worden?

R: Das könten sie mit gutem Gewißen nicht sagen, seyen blos mit Machung des Lochs, Zurechtlegung des Körpers und deßen Zuscharrung beschäftigt gewesen.

Fünf Tage später ist das Verhör im Senat verlesen worden. Es wurde beschlossen, das Protokoll des Verhörs zu den Akten zu legen. Von einer weiteren Untersuchung oder gar Bestrafung ist nicht die Rede. Daß dieser Vorfall, wie immer er sich zugetragen haben mag, die Gemüter beschäftigte, zeigt auch eine Notiz am Schluß der Anordnungen, die das Kriegszeugamt als Sicherheitsmaßnahmen für den 14. Januar 1772 getroffen hat. Diese Notiz bezieht sich eindeutig auf den Vorfall mit den Sargträgern, denn es heißt dort, daß künftig in solchen Fällen das Begleit-Kommando für die Sargträger genaue Anweisungen erhalten muß, wie es sich verhalten soll.

Die Aussagen der Sargträger über den Andrang der Neugierigen, die sogar über die Mauer des Gutleuthofes gestiegen sind, um die Enthauptete besser sehen zu können, sind nahezu die einzigen Äußerungen über das Verhalten der Bevölkerung. In den Berichten des Polizeipräsidenten und des Ratsschreibers wird darüber nichts gesagt. Lediglich bei den militärischen Sicherheitsmaßnahmen wird das Andrängen des Volks einkalkuliert. Was dann wirklich geschehen ist, erfahren wir nicht. Es kann aber keinen Zweifel geben, daß an jenem 14. Januar 1772 ganz Frankfurt auf den Beinen war, um das schauerliche Schauspiel mit anzusehen. In »Dichtung und Wahrheit« hat Goethe geschildert, wie sehr die Bürger Frankfurts für viele Wochen durch den Prozeß in Unruhe versetzt wurden. Bei der Exekution wird also das Gedränge entsprechend groß gewesen sein.

30. Kapitel
Der Verteidiger erhält endlich sein Honorar

Alles muß seine Ordnung haben. Dieser Spruch, den Gericht und Senat während des gesamten Prozesses befolgt haben, könnte auch über diesem letzten Kapitel stehen. Zwei Angelegenheiten sind noch nicht in Ordnung: Da ist noch über die zurückgelassenen Kleidungsstücke der hingerichteten Susanna Margaretha Brandt zu verfügen, und da hat der Pflichtverteidiger Dr. Schaaf noch sein Honorar zu bekommen. Die erste Angelegenheit wird rasch erledigt. Am dritten Tag nach der Exekution quittiert Susannas Schwester Frau König, die mit dem Tambour verheiratet ist, den Empfang der Sachen. Schreiben hat auch sie ebensowenig wie ihre unglückliche Schwester gelernt, und so macht sie drei Kreuze unter die Quittung. Die sehen aber nicht wie ein Kreuz aus, sondern wie ein X. Es ist das gleiche X, das in der Abkürzung auch für die Geldmünze »Kreuzer« verwendet wird. Die Quittung lautet:

Daß mir die von meiner unglücklichen Schwester Susanna Brandin zurückgelassene, in der apud acta befindlichen Beylage sub Lit. J bemerckte Kleidungs Stücke samt Kiste von Einem löbl. Officio Examinatorio extradieret worden. Ein solches wird hierdurch mit unterthänigstem Dank bescheinigt. Franckfurth, den 17. Januar 1772. Catharina Königin XXX.

Der Vorname Catharina ist ein Versehen des Schreibers, der die Quittung aufgesetzt und auch den Namen daruntergesetzt hat. Denn die Vornamen der »Königin« lauteten Maria Ursula, wie wir aus ihrer Vernehmung (siehe 4. Kapitel) wissen. Aber solche kleinen Irrtümer wie Verwechslung der Vornamen sind den Protokollanten hin und wieder unterlaufen.

Über die Kleidungsstücke, die der Susanna Margaretha Brandt gehörten, ist am 5. Oktober eine Aufstellung ange-

Vor [?] eine die von meiner
[un]ehelichen Schwester Susanna Brandin hinterbliebene Vermögen die apud acta gegebene Liechen-
Inventarium sub Lit: E [benanndte?]
Kleidungs Stücken, sammt Bett
von einem Löbl: Officio Examinatorio extradirt worden,
ein solches wird hiemit durch
mit untere Hertzogssen [?] Vand
bey [?]
17. Jan: 1772.

            Catharina Brinigin
                x x x

11. Empfangsbestätigung der Schwester für den Nachlaß

Die vom Ratsschreiber verfaßte Quittung
zeigt als Unterschrift drei Kreuze:
Frau König war Analphabetin
wie ihre Schwester.

fertigt worden. Es ist ihr ganzer Besitz, und es ist wenig genug:

Verzeichnis der Inquisitin Brandtin Sachen, so sich in ihrer aus ihrem Dienst Hauß auf das Amt abgeholten Kiste befunden, nehmlich
1 schwartz tucherner Rock und Jack
1 grün zeugerner Rock
1 blauer ditto
1 Cattonener Jack und Schurtz
1 Jack von Hanauer Zeug
2 paar schwartze Strümpfe
1 Hemd
1 Gesangbuch
4 Schlafhauben mit schmahlen Spitzen
1 paar Pausch Ermel
2 nesseltücherne Halstücher
1 seidenes Halstuch
2 Unterhauben und allerhand Gelümps und
4 Schnür weise Perlen.

So bleibt also noch die zweite Angelegenheit, die Bezahlung des Pflichtverteidigers, zu erledigen. Aber so schnell wie die Aushändigung der Kleidungsstücke geht das nicht. Zwar hat Dr. Schaaf seine Rechnung über 21,38 Reichstaler bereits am 1. Februar eingereicht, wobei den größten Posten die 14 Bogen der Verteidigungsschrift mit 14 Talern ausmachen. Aber nichts ist geschehen, bis zum 2. April 1772.

Damit schlagen wir die letzte Seite der zweimal 334 Folio-Seiten umfassenden Prozeßakten auf. Der Syndicus Lauz hat da zwei Dinge moniert: 1. Bei den Akten fehle noch der Bericht über die bei der Exekution gemachten Anstalten und 2. habe der Defensor die Anweisung seiner Rechnung noch nicht erhalten. Er läßt dem jüngeren Bürgermeister auftragen, nachdrücklich an diesen Bericht zu erinnern, »damit er nicht gar vergessen werde«. Und dann soll auch der Verteidiger sein Geld »gegen Quittung« bekommen. Syndicus Lauz fügt allerdings hinzu, daß der Rechnungsbetrag auf 20 Taler »moderiert« werden soll, da »die erforderliche Zeilenzahl nicht zu finden seye« — womit gemeint ist, daß an den berechneten 14 Bogen der Verteidigungsschrift zwei oder drei Seiten fehlen. Von der Rechnung, die der Verteidiger Dr. Schaaf aufgestellt hat, wird also 1,38 Taler abgezogen. Die drei anderen an dem Prozeß beteiligten Syndici Hofmann, Rumpel und Schudt bestätigen mit ihrer Unterschrift, daß sie mit der Ermahnung und der Maßnahme ihres Kollegen Lauz einverstanden sind.

Mit dem letzten Satz der Criminalia von 1771/72 wird die leidige Geldangelegenheit geregelt. Der Verteidiger wird endlich, drei Monate nach der Hinrichtung seiner Mandantin, das — auch noch gekürzte — Honorar erhalten. Der Ratsschreiber bestätigt es mit einem Vermerk, den er unter das Blatt mit den Stellungnahmen der Syndici gesetzt hat:

Lectum in Senatu d. 14. April 1772 et conclusum: es könne die Rechnung nach der Moderation bezahlt werden.

Mit dieser banalen Pointe endet die Geschichte vom Leben und Sterben der Dienstmagd Susanna Margaretha Brandt, wie sie in den Kriminalakten der Stadt Frankfurt am Main im Jahre 1771 und 1772 aufgezeichnet wurde.

II. *Erläuterungen*

Bockenheim

Das Dorf Bockenheim, einige Kilometer westlich vor den Toren der Stadt Frankfurt gelegen, gehörte damals zur Grafschaft Hanau. In Hanau wie in Bockenheim hielt man sich an das reformierte Bekenntnis, während die Frankfurter ganz überwiegend lutherischen Glaubens waren. Daher gingen alle Reformierten aus Frankfurt — wie das auch Susanna Margaretha Brandt in einem Verhör von sich sagt — nach Bockenheim in die Sankt-Jakobs-Kirche. — Am Rande des heutigen Frankfurter Stadtteils Bockenheim befindet sich die Universität. Von historischer Vergangenheit zeugt die guterhaltene Bockenheimer Warte sowie so manche schmale Straße mit hübschen alten Häusern in Bockenheim.

Frankfurt

Eine Aufstellung aus dem Jahre 1761, als die Stadt von den Franzosen besetzt war, weist aus, daß Frankfurt 3000 Gebäude und 36 000 Einwohner zählte, von denen 5500 in Sachsenhausen lebten, dem Stadtteil auf der südlichen Seite des Mains. Die Stadt war im wesentlichen noch auf den Bereich beschränkt, der von der mittelalterlichen Stadtmauer umschlossen wurde. Zu Beginn des 17. Jahrhunderts war die Stadtmauer, von der ein Stück südlich der Konstablerwache — als »Staufenmauer« bezeichnet — noch gut erhalten ist, durch einen Wall, einen zweiten Graben und durch Bollwerke verstärkt worden. Dadurch war neuer, wenn auch bescheidener Raum für die Erweiterung der Stadt gewonnen worden. Zur Zeit des jungen Goethe — 1766 — ließ der Rat der Stadt auf den Wällen Spazierwege anlegen, auf denen man um die ganze Stadt wandeln und das Leben und Treiben in den Häusern und Gassen von erhöhtem Standpunkt aus beobachten konnte.

Die Hauptverkehrsstraße im damaligen Frankfurt war die Fahrgasse mit 10 bis 15 Metern Breite, die schönste und vornehmste Straße im Frankfurt des 18. Jahrhunderts war die Zeil. Der Raum innerhalb der Befestigungsanlagen war beschränkt, und so waren die Straßen sämtlich sehr schmal. Nur wenige Straßen waren 6 bis 10 Meter breit, die anderen kann man nur als Gassen bezeichnen, in denen sich die Häuser kaum mehr als vier Meter gegenüberstanden. Und genauso knapp wie der Raum für die Straßen war auch der Platz für die Häuser. Um mehr Raum im Haus zu gewinnen, baute man also das erste Stockwerk mit Überhang über die Straße und, wenn möglich, auch das zweite oder dritte. Diese durch die Verhältnisse bedingte Bauweise fällt aufmerksamen Beobachtern noch heute auf, zum Beispiel am wiederaufgebauten Goethehaus am Hirschgraben und in Sachsenhausen bei zahlreichen denkmalgeschützten und mit dunkelblauem Schiefer verkleideten Häusern.

Folter

Ihrem Verteidiger gegenüber bekennt Susanna Margaretha Brandt, daß sie »aus Angst vor der Folter« mehr ausgesagt als getan hat. Der Examinator hält ihr entgegen, man habe ihr doch gar nicht mit der Folter gedroht. — In der Tat waren Folter und Prügelstrafen in jener Zeit noch legitime Zwangsmittel, um erwünschte Geständnisse zu erhalten. In Frankfurt war die Anwendung der Tortur — immerhin — nur auf ausdrücklichen Beschluß des Rates der Stadt gestattet. Die Folter als ein Mittel der Inquisition wurde Ende des 18. und zu Beginn des 19. Jahrhunderts formal abgeschafft, tatsächlich aber viel länger angewandt.

Gasthöfe

Im alten Frankfurt gab es im Verhältnis zur Einwohnerzahl erstaunlich viele Gast- und Wirtshäuser. In einer Aufstellung aus dem Jahre 1759 sind alle Gasthäuser Frankfurts mit Namen aufgezählt. Danach existierten in Frankfurt 65 Gast- oder Schildwirtschaften und in Sachsenhausen zehn — für eine Stadt von 35 000 Einwohnern eine beachtliche Zahl. Das hatte seine Ursache in der Bedeutung Frankfurts als Stadt der Messen, des Handels und der Kaiserwahlen. Aus Anlaß einer Kaiserwahl sollen fast soviel Fremde in die Stadt gekommen sein, wie Frankfurt Einwohner zählte. Mit Schildwirtschaften wurden die Gasthöfe bezeichnet, die ein Schild mit dem Namen und dem Symbol des Hauses aushängen durften. Wir würden sie heute als Hotels bezeichnen, die zum Teil beachtlichen Komfort boten. Darunter erstklassige und vornehme Häuser wie zum Beispiel der »Goldene Löwe«, die »Reichskrone«, der »König von England«, der »Weiße

Schwan«, der »Weidenhof« auf der Zeil oder der »Goldene Engel«. Auf der Zeil, Frankfurts größter Straße, standen ferner der »Römische Kaiser«, das »Rote Haus«, die »Rose« und andere. Neben diesen Gasthäusern von Rang und Namen gab es in Frankfurt zahlreiche gemeine Herbergen oder Fußherbergen, in denen diejenigen Reisenden abstiegen, die nicht mit dem Pferd oder Wagen ankamen. Diese Herbergen durften — mit Ausnahme der Messezeiten — keine Speisen verabreichen. Das Gasthaus »Zum Einhorn« der Witwe Bauer, in dem Susanna Margaretha Brandt als Dienstmagd beschäftigt war, gehörte in diese Kategorie.

Die Taxen für Übernachtung und für Speisen waren vorgeschrieben. So heißt es beispielsweise in der Taxordnung aus dem Jahre 1764 bei den Mahlzeiten: Drei Gerichte Fleisch und Geflügel, nebst Suppe, Gemüse, Kuchen, Obst, ohne Getränke = 40 Kreuzer. Oder: Drei Fischgerichte (Hecht, Karpfen, Bratfische), dazu Suppe, Gemüse, Käse, Obst, ohne Getränke = 50—60 Kreuzer. Für Übernachten: 1 Stube nebst Gemach mit 2 Betten, wöchentlich = 4—8 Gulden. Einstellen von Pferden: Stallmiete für 1 Pferd (einschließlich Hafer, Stroh und Beleuchtung) täglich = 36—40 Kreuzer.

Gefängnis

Im Frankfurt des 18. Jahrhunderts gab es kein zentrales Gefängnisgebäude. Inhaftierte wurden in besonderen Räumen verwahrt, die gut verschließbar waren und von Soldaten bewacht wurden. Solche Gefängniszellen befanden sich im Römer, in der Hauptwache, im Leinwandhaus und im Katharinenturm, in dem Susanna Margaretha Brandt gefangengehalten wurde.

Gerichtswesen

Die Rechtsprechung in der Freien Reichsstadt Frankfurt lag bei verschiedenen Gremien, und hier ist kein Platz, um die z. T. komplizierten Praktiken im einzelnen darzustellen. Wir wollen uns vielmehr an den Prozeß gegen die Kindsmörderin Susanna Margaretha Brandt halten und einige Erläuterungen geben, die dem besseren Verständnis für den Ablauf dieses Prozesses dienen. Wie in allen »peinlichen« Fällen hat der Rat der Stadt — mit allen 42 Ratsmitgliedern — auch im Fall der Kindsmörderin das Todesurteil ausgesprochen. Aber dieser Urteilsspruch der Ratsherren ist doch nicht mehr als eine formale Handlung gewesen. Denn das Urteil — Tod durch das Schwert — war von den vier Syndikern bereits formuliert und begründet worden. Die Syndiker, oder auch Syndici, hatten vom Gericht die Akten der Untersuchung erhalten, damit sie Bericht erstatten und ihre rechtlichen Bedenken vortragen konnten. Wie im Falle Susanna Margaretha Brandt pflegten sie auch das Urteil zu formulieren. Am Urteilsspruch selber waren sie nicht mehr beteiligt: Die Syndici sind keine Ratsherren und nehmen auch an den Sitzungen des Rates nur dann teil, wenn es vom Rat ausdrücklich gewünscht wird. Den Gutachten und der Abfassung der Urteile pflegten die Ratsmitglieder allerdings fast immer zu folgen, so daß die Syndiker, da sie auch in auswärtigen Angelegenheiten ihr maßgebliches Urteil abgaben, in Wirklichkeit nicht nur über den Ausgang von Kriminalprozessen entschieden, sondern auch die Linien der Politik bestimmten.

Die vier Syndici waren akademisch gebildete Juristen und gehörten zu den bestbezahlten Beamten der Stadt. In das hohe Amt wurden oft auch angesehene und hervorragende Juristen berufen, die an Universitäten lehrten oder woanders in fürstlichem Dienst standen. Viele Syndiker sind später auch als Schöffen Mitglieder des Rates der Stadt geworden, andere sind von Frankfurt aus in hohe Staatsstellungen berufen worden.

Das Schöffengericht wurde von den 14 Schöffen der Stadt unter Vorsitz des Schultheißen gebildet. Die Schöffen waren Mitglieder des Rates und gehörten den vornehmsten Familien der Stadt an. Im Rat saßen sie auf der ersten Bank.

Dem Oberstrichter oder Obrist-Richter ist die Untersuchung und Entscheidung in Streitsachen von geringerer Bedeutung vorbehalten. Sein Entscheid mußte durch einen der beiden Bürgermeister bestätigt werden.

Die städtischen Beamten, die damals als Richter bezeichnet wurden, spielten im Gerichtswesen nur eine untergeordnete Rolle: Die vier sogenannten »gemeinen weltlichen Richter« besorgten einfache Amtsgeschäfte. Sie kümmerten sich um die Zitationen, die Vorladungen, und waren Aufseher in den Gefängnissen, wo sie z. T. auch ihre kostenlose Wohnung hatten.

Geldwesen

Die in den »Criminalia« vorkommenden Bezeichnungen für Geldmünzen sind seit langem nicht mehr gebräuchlich. Wir kennen die Ausdrücke, aber wir verbinden damit keine Vorstellung von dem Wert der betreffenden Münze. Am häufigsten wird der Gulden genannt. Er spielte unter den Münzen des Deutschen Reiches seit dem Ausgang des Mittelalters bis 1872 die wichtigste Rolle, auch wenn er in recht unterschiedlichen Geldstücken im Verkehr war. So hatte auch Frankfurt sein eigenes Münzamt, in dem die reichsstädtischen Münzen geprägt wurden. In der zweiten Hälfte des 18. Jahrhunderts waren, in der Reihenfolge ihres Wertes genannt, die folgenden Münzen im Umlauf:

1 Reichstaler (Rtlr) = 1 1/2 Gulden. Die Abkürzung für den Gulden war fl, das heißt Florin nach der Münze Fiorino, die zuerst im 13. Jahrhundert in Florenz geprägt wurde.

1 Gulden = 15 Batzen (bz)
1 Batzen = 4 Kreuzer (kr)
1 Kreuzer = 4 Heller.

1 Gulden hatte also 60 Kreuzer. Ferner waren an reichsstädtischen Münzen im Verkehr: halbe Gulden, Kopfstücke (= 1/3 Gulden), halbe und Viertel-Kopfstücke.

Die Frage nach der Kaufkraft der damaligen Währung, gemessen an heutigen Verhältnissen, ist kaum zu beantworten, da für die Problematik der Umrechnung allzu viele Faktoren berücksichtigt werden müßten. Es lassen sich jedoch Vergleiche in den Preisen anstellen, die für bestimmte Waren, Lebensmittel oder Verbrauchsgüter gezahlt werden mußten. Dabei muß jedoch immer auch das gegenüber den heutigen Verhältnissen geringere Einkommen in Rechnung gestellt werden. So kosteten um die Mitte des 18. Jahrhunderts zum Beispiel: 1 Pfund Butter = 11 Kreuzer (ein gemeiner Soldat erhielt, wie wir an anderer Stelle ausführen, einen Tageslohn von 4 Kreuzern); ein Paar Männerstrümpfe (für einen adligen Herrn) = 1,20 Gulden; ein Paar Frauenstrümpfe = 0,48 Gulden; ein seidenes Halstuch = 40 Kreuzer.

Katharinenturm

Der Turm diente im 18. Jahrhundert als Gefängnis. Er stand, wie auf den Stadtplänen von Merian deutlich zu erkennen ist, etwa 50 Meter südlich der Katharinenkirche und überspannte, von einem Torbogen durchbrochen, eine schmale Gasse. Dieser Torbogen wird als Katharinenpforte im Bericht des Ratsschreibers Claudy in den »Criminalia« erwähnt: Durch diese Pforte führte der Zug mit der zum Tode Verurteilten auf die Hauptwache. – Durch diese Pforte nahm auch die Familie Goethe ihren Weg zum Gottesdienst in der Katharinenkirche an der Hauptwache, wo sie ihre reservierten Familienplätze hatte. Die protestantische Katharinenkirche, 1678—1681 errichtet, gibt mit ihrem auffälligen Steildach dem Platz an der Hauptwache auch heute noch einen bemerkenswerten Akzent.

Der Katharinenturm wurde bereits 1790 auf Beschluß des Rates abgerissen, weil er die schmale Straße noch mehr einengte. Aber 200 Jahre später trägt die kleine Straße noch den Namen »Katharinenpforte«.

Kleiderordnung

Die Vorschriften der Kleiderordnungen dienten seit dem Mittelalter dazu, die Zugehörigkeit zu einem bestimmten Stand auch äußerlich kenntlich zu machen. Solche gesellschaftliche Zuordnung lag vor allem im Interesse des obersten Standes, der diese Ordnungen auch veranlaßte und verfügte. Ursprünglich soll dabei, wie es in der Literatur heißt, der Gedanke im Vordergrund gestanden haben, einen allzu üppigen Kleiderluxus zu bekämpfen. Wo aber, wie bei den unteren Ständen, nicht genug Geld vorhanden ist, kann man auch keinen Luxus betreiben. Je reicher aber Kaufleute und Handelsherren wurden, um so größeren Luxus konnten sie sich — auch in der Kleidung — leisten. Sich von den Kaufleuten, die zunächst nicht einmal zu einem zweiten Stand gezählt wurden, abzugrenzen, war das Bestreben der Angehörigen des ersten, des Adelsstandes. Ihm vor allem mußte an der Einhaltung der Kleiderordnungen gelegen sein. So bezogen sich die Vorschriften der Kleiderordnungen auch auf Kopfbedeckungen, Fußbekleidung, Schmucksachen und Kleinodien. Kleiderordnungen waren also ein wichtiges Instrument für das Standesbewußtsein der Adligen, um ihre Vorrangstellung auch äußerlich zu wahren und sich von den reichgewordenen Bürgern abzugrenzen.

Kleider- und Gesindeordnung sowie andere Bestimmungen aus dem Mittelalter, die der Unterscheidung der Stände dienten, verloren im Verlauf des 18. Jahrhunderts mehr und mehr an Bedeutung. In ihren Auswirkungen hatten sie in der zweiten Hälfte des 18. Jahrhunderts noch volle Gültigkeit, wenn auch die Vorschriften der Kleiderordnung beispielsweise immer öfter mißachtet wurden, ohne daß die dafür vorgesehenen, teils erstaunlich hohen Geldstrafen in jedem Fall ausgesprochen wurden.

In Frankfurt wurde die letzte Kleiderordnung im Jahre 1731 erlassen. Sie spiegelt sehr deutlich die Einteilung der Gesellschaft in fünf Stände wider, wie sie auch noch für die Zeit der Hinrichtung von Susanna Margaretha Brandt Gültigkeit hatte. Die fünf Stände wurden folgendermaßen charakterisiert:

Erster Stand: Die Angehörigen adeliger Familien – die Patrizier; die Ratsherren der ersten Bank – die Schöffen; ferner die Syndici und die Doktoren, denen schon auf dem Reichstag zu Augsburg im Jahre 1500 die gleichen Standesrechte wie den Rittern zugebilligt wurden; und schließlich die Ratsherren der zweiten Bank, die inzwischen aus dem zweiten Stand in den ersten aufgerückt waren.

Zweiter Stand: Die vornehmsten Bürger; die Kaufleute, die »ins Große handeln und Wechsel machen« und ein Vermögen von mindestens 30 000 Gulden nachweisen; ferner die Ratsherren der dritten Bank – die Vertreter der neun ratsfähigen Handwerksberufe, die inzwischen aus dem dritten Stand in den zweiten erhoben worden waren und Überwachungsfunktionen gegenüber den zahlreichen Handwerksberufen ausübten.

Dritter Stand: Hierzu wurden gezählt die Notarii, Procuratores, ferner »Künstler und Krämer und so ungefähr dieses Standes sind«.

Vierter Stand: Die gemeinen schlechten Krämer, Handelsdiener, Handwerksleute.

Fünfter Stand: Alle übrigen wie Kutscher, Tagelöhner, Gesinde und dergleichen.

Lohn und Gehalt

Die Spannweite zwischen dem niedrigsten Lohn und dem höchsten Gehalt, das den städtischen Beamten in Frankfurt bezahlt wurde, war erstaunlich groß. Ganz unten in der Skala der Entlohnung von Arbeitsleistungen standen der Soldat und die Dienstmagd. Wie alle anderen Mägde dürfte auch Susanna Margaretha Brandt einen Lohn von zehn bis zwölf Gulden im Jahr (!) erhalten haben. Dazu gab es von der Herrschaft je einen Gulden zu Weihnachten und zur Messe. Lohnerhöhungen waren unbekannt. So wurden zum Beispiel im Jahre 1736 noch die gleichen Gesindelöhne gezahlt wie 50 Jahre früher. Bis in das 19. Jahrhundert hinein sind diese Löhne kaum erhöht worden. Das gleiche traf übrigens für die Beamtengehälter zu, die erst gegen Ende des 18. Jahrhunderts stärker angehoben wurden.

Die Löhnung der einfachen Soldaten entsprach etwa dem Lohn, den eine Dienstmagd erhielt: es gab vier Kreuzer täglich, und das war gleich einem Batzen. Im Monat ergab das 30 Batzen oder zwei Gulden. Wesentlich besser dran waren die Offiziere: ein Leutnant erhielt monatlich 20 Gulden. Zum Vergleich für die Lebenshaltungskosten möge folgende Angabe dienen: Ein Mittagessen im Gasthaus kostete 40 Kreuzer, soviel also wie die Löhnung eines gemeinen Soldaten von zehn Tagen.

Die Gehälter der 500 städtischen Beamten sind uns genau bekannt. Die einfachen Bediensteten – und dazu zählten die meisten – erhielten Gehälter, die zwar erheblich höher als der Lohn der Dienstmägde und Soldaten, aber im Vergleich zu den höheren Beamten sehr niedrig waren: sie betrugen allgemein unter 100 Gulden im Jahr. Der in den »Criminalia« wiederholt genannte Obrist-Richter bezog jährlich 200 Gulden, und nur Beamte in besonders verantwortlichen Stellungen wie der Stadtschreiber und der Ratsschreiber erhielten Gehälter über 400 Gulden jährlich. Die Bezahlung erfolgte für alle vierteljährlich rückwirkend. Zu diesen Bezügen kamen vielfach noch Leistungen wie freie Wohnung und ein Rest von Naturalgebühren, der sich aus früheren Zeiten erhalten hatte.

Die maßgeblichen Beamtenstellen und die Ämter in der Stadtregierung waren dagegen recht einträgliche Posten. So betrug das Gehalt der 14 Schöffen, die auf der ersten Bank im Rat der Stadt saßen, 1800 Gulden jährlich, die Ratsherren der zweiten Bank bezogen 1200 Gulden und die Handwerker der dritten Bank 500 Gulden im Jahr. Die vier Syndiker, die in den »Criminalia« das Todesurteil begründen, bekamen 1600 Gulden jährlich: Sie standen also – nach dem Einkommen, und das bedeutete auch nach dem Ansehen – hinter den Schöffen der ersten Ratsbank und vor den Ratsherren der zweiten Bank.

Mediziner

Vier Mediziner haben die Sektion des toten Kindes der Susanna Margaretha Brandt vorgenommen und das Ergebnis der Untersuchung in einem Sektionsbericht niedergelegt. Der Bericht wurde von den Ärzten eigenhändig – »manu propria« – unterzeichnet. Hinter ihrer Unterschrift haben die Ärzte vermerkt, welchen Rang sie als Mediziner einnehmen: primarius, ordinarius (zwei) und extraordinarius. Diese vier Ärzte waren städtische Beamte und gehörten zum Sanitätsamt. Die Stadtphysici waren für das Gesundheitswesen in der Stadt zuständig, beaufsichtigten die praktischen Ärzte, die Chirurgen und die Hebammen und visitierten die sechs Apotheken der Stadt.

Mengenmaß

In der Aufstellung der Getränke bei der Henkersmahlzeit für Susanna Margaretha Brandt werden 8½ Maas Wein und 12 Maas Bier aufgeführt. Die sogenannte Maß umfaßte rund 1,6 Liter. Vier Schoppen ergaben eine Maß, so daß ein Schoppen damals etwa 0,4 Liter hatte.

Militär

In den Akten über den Prozeß gegen Susanna Margaretha Brandt begegnen uns immer wieder Soldaten: Susanna ist die Tochter eines Soldaten, ihr Vetter Brandt ist Ordonnanz, ihr Schwager König Tambour, sie wird von Soldaten zum Verhör gebracht und von Soldaten im Katharinenturm bewacht. — Im Jahr 1771 gab es in Frankfurt nach der Musterrolle 852 Soldaten — Mannschaften, Gefreite und Unteroffiziere — sowie 35 Offiziere. Zur Verteidigung der Befestigungsanlagen der Stadt wurden sie kaum gebraucht, Besetzungen der Stadt verliefen infolge rechtzeitiger Übergabe im allgemeinen unblutig, und auch im Siebenjährigen Krieg des Kaisers gegen Preußen von 1756 bis 1763 haben die Kompanien aus Frankfurt auf ihren Märschen nach Thüringen und Sachsen keinen kriegerischen Lorbeer errungen. Überliefert sind vor allem die Klagen und Beschwerden über ausstehenden Sold, abgetragene Montur und zerfetztes Schuhwerk.

Was also war die Aufgabe der immerhin 11 Kompanien Soldaten der Stadt Frankfurt in friedlichen Zeiten? Ihre wichtigste Aufgabe war die Wahrnehmung von Polizeifunktionen, wie das auch in den »Criminalia« erkennbar ist. Dazu muß man auch den Wachdienst an den Stadttoren, im Römer, auf der Haupt- und Konstablerwache zählen, sowie die Patrouillen in der Stadt, die Tag und Nacht unterwegs waren.

Die Soldaten wurden angeworben und von der Stadt unterhalten. Kasernen gab es nicht, sie waren der sparsamen Stadtverwaltung zu teuer. Die Soldaten wohnten bei den Bürgern zur Untermiete, das Zeugamt zahlte Quartiergeld. Es war ein Militär, das keine Daseinsberechtigung hatte, miserabel entlohnt, die Soldaten ständig krank — »baufällig« hieß es damals — und als nicht vollwertig angesehen; sowohl die Infanteristen als auch die etwa 100 Artilleristen, die sogenannten Konstabler. Der Sold betrug 4 Kreuzer am Tag und wurde 55 Jahre lang, von 1737 bis 1792 nicht erhöht! Das war zuwenig zum Leben, vor allem mit Familie, und so waren die Soldaten gezwungen, nebenbei Geld zu verdienen. Das war offiziell erlaubt, aber nur für die einfachsten Verrichtungen als Tagelöhner, Dienstmänner oder den Transport von Möbeln. Manche Soldaten übten ihren erlernten Handwerksberuf aus, wie Schneider oder Schuster, und das gab verständlicherweise Ärger mit den Zünften, die argumentierten, die Soldaten nähmen ihnen Arbeit und Brot weg, da sie billiger als sie arbeiten könnten. Es ist dabei sogar zu einem Aufstand der Schlossergesellen gekommen.

Der kärgliche Sold wurde auch bei Beförderungen nicht erhöht, und so war ein Soldat übel dran: Er gehörte zur untersten Schicht der Gesellschaft. Dazu kam eine oft unmenschliche Behandlung durch die Offiziere, der die Soldaten nahezu schutzlos ausgesetzt waren. Als Strafen gab es Spießrutenlaufen und bis zu 150 Stockschläge, wobei der Bestrafte an einen Pfahl gebunden wurde. Auf diese Weise Traktierte mußten manches Mal halbtot ins Lazarett gebracht werden. Im Jahr 1788 erhielt allerdings ein Fähnrich für solche Mißhandlung eines Untergebenen acht Tage Arrest, er mußte außerdem Schmerzensgeld und Heilungskosten bezahlen.

Wir wundern uns, daß es unter solchen Bedingungen überhaupt noch Soldaten gab. Aber für die einfachen Leute aus dem untersten Stand, die weder lesen noch schreiben konnten und über kein Vermögen verfügten, bot der Soldatenberuf immerhin eine Chance, das Leben zu fristen. Der Militärdienst war ein Job, miserabel bezahlt, aber eben doch bezahlt. So war es auch gar nicht außergewöhnlich, daß es so manchen Soldaten gab, der über 60, ja über 70 Jahre alt war. Als Beispiel für die ökonomische Zwangssituation, in der sich die Soldaten befanden, sei ein Fall genannt, der in Frankfurt aktenkundig ist: Ein Sergeant beschwerte sich darüber, daß er bereits aus dem Militärdienst entlassen werden sollte. Seine Begründung für den Protest lautete: Er habe doch erst 41 Jahre gedient und sei noch nicht einmal 70 Jahre alt! Dieser Sergeant hat dabei ganz sicher mehr an seine und seiner Familie Versorgung gedacht als an das Wohl seiner Vaterstadt.

Aus alldem ist leicht zu ersehen, daß die Schlagkraft — um

uns militärischer Ausdrucksweise zu bedienen — der Frankfurter Truppen nicht allzu hoch zu veranschlagen war. Das zeigte sich im Jahre 1757, als der Reichskrieg gegen den Preußenkönig Friedrich beschlossen wurde, wobei sich Frankfurt seinen militärischen Verpflichtungen nicht entziehen konnte, obwohl es als protestantische Stadt starke Sympathien für den Preußenkönig empfand. Das Ergebnis der Musterung im Mai 1757 war einigermaßen katastrophal: 60 Mann wurden als völlig untauglich befunden. Der eine war so dick, daß er nicht marschieren konnte; mehrere waren »übel zu Fuß«; ein 50jähriger hatte die Steife in den Gliedern, ein anderer »Mängel auf der Brust und ein sehr blödes Gesicht«. Ein 61Jähriger gesteht, daß er keine rechten Kräfte mehr in den Gliedern habe, ein anderer hatte fast keine Zähne mehr, wollte aber gern noch weiterdienen. Und einer konnte, nach der Versicherung des Kompanie-Hauptmanns, keine 100 Schritte gehen wegen kurzen Atems.

Porte Chaise

Mit Porte Chaise oder auch Porto Chaise wurde ein öffentliches Verkehrsmittel bezeichnet. Es war ein Tragestuhl oder Tragesessel, der auch in den »Criminalia« erwähnt wird, um die inhaftierte und gesundheitlich geschwächte Kindsmörderin zu transportieren.

Seit dem Jahre 1709 sind in Frankfurt Porte Chaisen bekannt. Im Verlauf des 18. Jahrhunderts waren zeitweise bis zu 20 solcher Sänften in Betrieb. Der Rat der Stadt erteilte für den Betrieb von Tragesseln die Genehmigung, und ein geschäftstüchtiger Unternehmer wußte sich vom Kaiser ein regelrechtes Privileg zur alleinigen Aufstellung und Vermietung von Tragestühlen zu verschaffen. 1782 wurde es zum letztenmal auf 12 Jahre verlängert. Gegen Ende des 18. Jahrhunderts kamen die — zeitweise sehr beliebten — Tragestühle außer Mode. 1799 gab es in Frankfurt nur noch eine Porte Chaise, die zu Beginn des 19. Jahrhunderts auch ausrangiert wurde.

Bereits 1741 regelte der Rat den Verkehr mit Tragstühlen mit allen Einzelheiten: Als Standplätze wurden Römerberg, Hauptwache und Konstablerwache bestimmt, wovon die beiden letzteren auch nachts besetzt sein mußten. Es gab eine Tagestaxe, die im Sommerhalbjahr von 6 bis 22 Uhr gültig war, und eine höhere Nachttaxe. Innerhalb der Stadt kostete die Beförderung mit dem Tragstuhl — ein Träger vorn, einer hinten an der

Sänfte — 12 Kreuzer, über die Brücke nach Sachsenhausen aber 20 Kreuzer.

Schulwesen

Im Frankfurt der Goethezeit gab es nur eine Lehranstalt, die auf den Besuch der Universität vorbereitete: die staatliche Lateinschule, die bereits im Jahre 1520 gegründet wurde. (Als ihre Nachfolgerin betrachtet sich im heutigen Frankfurt das Lessing-Gymnasium.) Die Qualität dieser Lateinschule war nicht gerade überragend. Patrizier und reiche Bürger zogen es vor, ihre Söhne — die Töchter hatten nur selten, und dann nur durch Privatlehrer an der Bildung teil — entweder durch Privatlehrer erziehen und bilden zu lassen oder sie auf auswärtige Gelehrtenschulen zu schicken. Die Lateinschule in Frankfurt wurde im 18. Jahrhundert von jeweils kaum mehr als 200 Schülern besucht. Die Erziehung war äußerst streng, körperliche Züchtigung war Bestandteil der Erziehung. Größtes Gewicht wurde auf das Erlernen der lateinischen Sprache gelegt, mit anderen Fächern war es um so schlechter bestellt. Im Jahre 1773 bemerkte ein Konsistorialrat, daß »in unserem Gymnasio 10 bis 11 Jahre mit Erlernung des Lateins und ein elend bißchen Griechisch und Hebräisch verschwendet, an die Teutsche Sprache aber gar nicht gedacht wird. Es sind doch einige unter denen Präzeptoren — denn von allen kann man es sicher nicht behaupten —, welche unserer Muttersprache mächtig sind. Diesen wäre aufzugeben, die Jugend der oberen Klassen in dem Teutschen Stil zu unterrichten.«

Die Bildungschancen des Kleinbürgertums oder gar der untersten Klasse waren der herrschenden Schicht völlig gleichgültig. Es gab zwar Quartierschulen, 16 in Frankfurt, die nach den Stadtquartieren genannt wurden. An diesen Privatschulen — eine Schulpflicht gab es nicht — lernten die Schüler nur notdürftig lesen, schreiben und rechnen, und vielfach nicht einmal das. Das Hauptgewicht des Unterrichts lag auf dem Katechismus, auf christlicher Lehre und Unterweisung. Das Recht, eine solche Quartierschule zu betreiben, wurde durch Kauf oder Erbschaft erworben. Die Lehrkräfte hatten nur in wenigen Fällen eine pädagogische Ausbildung genossen, sie kamen aus allen möglichen Berufen. Es gab unter ihnen Barbiere, Schuhmacher, Buchdrucker und andere Handwerker. Erst die Ordnung von 1765 verlangte, daß der Kandidat für ein Schulmeisteramt ein Gymnasium oder eine Akademie besucht hat. Die Tätigkeit des

Schulmeisters wurde nicht als öffentliche Aufgabe angesehen, sie war vielmehr die Ausübung eines gewerblichen Berufes: Die Schulmeister wurden wie Handwerker betrachtet und behandelt und waren auch ähnlich wie die Handwerkszünfte organisiert. Sie genossen nur geringes soziales Ansehen. Die Lehrkräfte lebten von dem spärlich eingehenden Schulgeld, das für den Besuch der Quartierschulen entrichtet werden mußte und dessen Höhe vom Rat festgelegt wurde. Genaue Angaben darüber liegen uns aus dem Jahre 1765 vor, wonach das vierteljährlich zu zahlende Schulgeld so aufgeteilt war:

»Von denen, so ABC buchstabieren und lesen lernen und deren Eltern wohlhabend sind, 45 kr (Kreuzer), von den Armen 30 kr; von denen, so schreiben lernen und wohlhabend sind, 1 fl (Gulden), von den Armen 45 kr; von denen, so rechnen lernen und wohlhabend sind, 2 fl, von den Armen 1 fl 30 kr. Außerdem 20 kr Holzgeld.«

Im Jahre 1813 wurde in Frankfurt die erste städtische protestantische Volksschule für Knaben und Mädchen eingerichtet, die Weißfrauenschule. Hier hatten sich vor allem die Bemühungen und Forderungen des Pädagogen Pestalozzi ausgewirkt, die in Frankfurt großen Anklang fanden.

Soziale Gliederung

Über die strenge Abgrenzung innerhalb der Gesellschaft ist bereits unter dem Stichwort »Kleiderordnung« einiges gesagt worden. Die Kleiderordnung wurde ja von den oberen Ständen als ein Instrument benutzt, um jedem Stand seine Stellung in der Gesellschaft anzuweisen und die eigene Vorrangstellung zu befestigen. Denn Rang- und Standesordnungen galten als gottgegeben und unabänderlich. So bot Frankfurt noch in der Zeit, als die Kindsmörderin Susanna Margaretha Brandt mit dem Schwert hingerichtet wurde, das Bild einer mittelalterlichen Stadt mit festgefügten Ordnungen. Und davon profitierten natürlich die oberen Stände am meisten.

Andererseits muß auch hervorgehoben werden, daß Frankfurt unter den Städten des Reiches als blühende Handelsstadt einen glänzenden Namen hatte. Die Messe — zu Ostern und im Herbst —, die günstigen Verkehrsverbindungen nach allen Himmelsrichtungen und die stattliche Zahl reicher Kaufleute und Handelsherren trugen Frankfurt die Anerkennung als einer der berühmtesten und bedeutendsten Handelsplätze Deutschlands ein.

In Frankfurt betrieben die wohlhabendsten Handwerker ihr Gewerbe, lebten die reichsten Kaufleute und die finanzkräftigsten Bankiers. Um 1750 gab es dort 183 Familien, die ein Vermögen von mehr als 300 000 Gulden besaßen. Das Haus eines Kaufmanns war ein stattliches Gebäude, in dem 14 große Räume keine Seltenheit waren, Küche, Kammern und Zimmer für das Dienstpersonal nicht mitgezählt. Kein Wunder also, daß die zu Geld und Ansehen gelangten Handels- und Bankleute auch nach höheren gesellschaftlichen Würden strebten. In die Kreise des Adels aufgenommen und selber geadelt zu werden, war das erstrebenswerte Ziel vieler Bürger der Freien Reichsstadt Frankfurt. Im Verlauf des 18. Jahrhunderts haben in Frankfurt nicht weniger als 32 Kaufleute durch Geld einen Adelstitel erworben, darunter die Handelsleute und Bankiers Merian, Neufville, Rhost, Wiesenhüter, Reineck, Schweitzer, Münch, Lindheimer, Olenschlager, Stockum, Mayer, d'Orville, Heyder, Bolongaro, Lausberg, Gontard, Brevillier, Leonhardi, Heuser, Barckhaus, Lauterbach, Steitz.

Auch zahlreiche Schöffen – die Ratsherren der ersten Bank – wurden ihrer Verdienste um die Stadt wegen in den Adelsstand erhoben. Es gab in der Stadt aber auch kritische Stimmen gegenüber solchem Ehrgeiz. Bekannt ist die Abneigung eines berühmten Frankfurters jener Zeit gegenüber dem Adel, besonders dem Geldadel. Es war der Arzt und Naturforscher Johann Christian Senckenberg, der sich darüber lustig machte: »Reiche Kaufleute lassen sich nobilitieren, blasen die Backen auf und lassen sich gnädige Herrn nennen. Sie haben sonst die Elle geführt, jetzt tragen sie die Feder auf dem Hut, indem sie die Feder vom Ohr auf den Hut gesteckt haben.« Und weiter spottete der Dr. Senckenberg: Der durch Geld erworbene Adel zeichne sich dadurch aus, daß ein Narr, der sich einbilde, mehr als andere Leute zu sein, sich vom Kaiser ein Attestat darüber geben lasse, daß er ein Narr sei. Solche despektierlichen Äußerungen haben viele seiner Zeitgenossen freilich als starken Tabak empfunden.

Die soziale Gliederung der Gesellschaft glich einer Pyramide: Die Basis unten war sehr breit, aber ganz oben an der Spitze war nur für ganz wenige Platz. Ihnen waren alle Privilegien vorbehalten und auch die gut dotierten Ämter in der Stadtverwaltung.

Ein nicht uninteressantes Detail, das auch Aufschluß über die soziale Einstellung der maßgeblichen Männer in der Stadt vermittelt, sei noch erwähnt: Zur Zeit der »Criminalia 1771« breitete sich das Manufaktur- und Fabrikwesen mehr und mehr aus. Das heißt, die Produktion bestimmter Waren lag nicht mehr — wie seit dem Mittelalter üblich — in den Händen eines einzigen Handwerkers. Der Produktionsprozeß wurde vielmehr in verschiedene Arbeitsgänge zerlegt, wobei jeder Arbeiter nur einen — und zwar immer den gleichen Teil — der Ware herstellte. Das Prinzip der Arbeitsteilung und damit auch der Rationalisierung setzte sich immer mehr durch. Auf diese Weise der Produktion konnte der Produzent mehr Ware und damit auch mehr Gewinn erzielen. Der Arbeiter freilich war miserabel dran. Er mußte die Bedingungen akzeptieren, die ihm geboten wurden: ein minimaler Lohn.

An einer Ansiedlung von Fabriken innerhalb der Mauern der Stadt Frankfurt war daher den Ratsherren nichts gelegen. Sie verhinderten sie, nicht etwa aus Mitleid mit ausgebeuteten Arbeitern, sondern weil sie befürchteten, daß die Arbeiter Unruhe und Unzufriedenheit in die bürgerliche Ruhe und Ordnung der Stadt bringen könnten. Viel lieber als Fabrikanten mit dem unsicheren Element der Lohnarbeiter waren ihnen die in der Stadt ansässigen ehrbaren Handwerker. So mußte im Jahre 1772 Philipp Bolongaro seine Tabakfabrik zehn Kilometer außerhalb der Stadt in Höchst errichten: Der Rat hatte ihm die Genehmigung zum Bau in Frankfurt versagt. Noch heute wird der prunkvolle Wohnpalast, den sich der Fabrikant Bolongaro oberhalb des Mainufers und der Nidda-Mündung in Höchst bauen ließ und der einem Fürsten zur Ehre gereicht hätte, als ein Prachtbeispiel für die Wohnkultur reicher (und wie Bolongaro später geadelter) Bürger des ausgehenden 18. Jahrhunderts vorgeführt und bewundert. Von den Arbeitern aber, die mit ihrem kärglichen Lohn in der Tabakfabrik des Herrn Bolongaro diesen Palast finanziert haben, spricht niemand.

Stadtregierung

Bereits im Jahre 1219 hatte Kaiser Friedrich II. der Stadt Frankfurt das Recht verliehen, einen eigenen Rat und Jahr um Jahr eigene Bürgermeister zu wählen. 650 Jahre lang, bis 1866, behielten diese Rechte Gültigkeit. Das Recht, die Stadtregierung zu wählen, betraf allerdings nicht die Bürger der Stadt, wie man aus heutigem, demokratischem Verständnis annehmen könnte. Vielmehr bestimmten die Ratsmitglieder selber, als Stadtregiment, wer Nachfolger eines Ausgeschiedenen oder Verstorbenen wurde. »Ratsfähig«, das heißt wählbar in den Rat der Stadt, waren nur die Angehörigen einer kleinen Oberschicht. Es war eine aristokratische Regierung, und das bedeutete, daß sie sich aus Adligen und ihnen gleichgestellten Angehörigen der angesehensten Patrizier- und Bürgerfamilien zusammensetzte. Die 42 Ratssitze waren ausschließlich den Vertretern des ersten und zweiten Standes vorbehalten — es war eine Klassenherrschaft par excellence.

Auch innerhalb des Rates gab es noch Differenzierungen: Die erste und zweite Bank war von Adligen und Gelehrten besetzt, aus denen wiederum die höchsten Beamten der Stadt gewählt wurden, der Schultheiß und die beiden Bürgermeister: der ältere Bürgermeister (aus der ersten Bank) und der jüngere (aus der zweiten Bank). Auf der dritten Bank im Rat hatten die 14 Vertreter des Handwerks ihren Platz, wobei allerdings von den zahlreichen Handwerksberufen nur neun als ratsfähig galten.

In einer besonderen Bestimmung war festgelegt, daß von den Ratsherren der ersten und zweiten Bank 16 aus der — in Frankfurt ältesten — Adelsgesellschaft der Limpurger und sechs aus der — jüngeren — Adelsgesellschaft der Frauensteiner kommen mußten. Dieser Grundsatz mußte auch bei den Neuwahlen für den Rat beachtet werden. Da aber eine andere Bestimmung nahe Verwandtschaftsverhältnisse von Ratsmitgliedern ausschloß, reduzierte sich im Laufe der Jahrhunderte die Zahl der von diesen Adelsgesellschaften gestellten Ratsmitglieder. Sie waren aber bemüht, ihnen verpflichtete angesehene Bürger auf die ihnen zustehenden Ratssitze zu delegieren. Die Ratsherren wurden auf Lebenszeit gewählt.

Seit der Verfassungsreform im ersten Drittel des 18. Jahrhunderts war die absolute Alleinherrschaft des Rates beseitigt: Die Bürgerkollegien, die von den wohlhabenden Kaufleuten besetzt waren, übten eine gewisse Kontrolle über die Stadtregierung aus. Diese Kontrolle war aber auf die Finanzen beschränkt.

Der Rat der Freien Reichsstadt Frankfurt vereinigte in sich als Obrigkeit alle Gewalt: Er erließ Gesetze und Verordnungen, übte die Rechtsprechung aus, stellte die Spitzen der Verwaltung, schloß Verträge, erhob Zölle, Steuern und Abgaben und ließ Münzen schlagen. Seine umfassenden Rechte wurden durch gewisse Aufsichts- und Eingriffsrechte des Kaisers eingeschränkt. So waren auch die Einwohner der Stadt nicht die Untertanen des Rats, wie dieser oft anmaßend behauptete, sondern die des Kaisers.

Stadtverwaltung

Für 35 000 Einwohner hatte Frankfurt in der zweiten Hälfte des 18. Jahrhunderts die beachtliche Zahl von über 500 städtischen Beamten. Die Beamten waren mit festem Gehalt auf Lebenszeit angestellt und wurden vom Rat gewählt. An der Spitze der Stadtverwaltung standen zwei Bürgermeister, die in jedem Jahr neu gewählt wurden. Der sogenannte »Ältere Bürgermeister« war ein Ratsherr der ersten, der Schöffenbank, der zweite, der »Jüngere Bürgermeister«, dem wir in den »Criminalia« wiederholt begegnen, war ein Ratsherr aus der zweiten Bank. Die Stadtverwaltung umfaßte auch das Gerichtswesen, über das unter diesem Stichwort einiges gesagt wird.

Als angesehenster Beamter in der Freien Reichsstadt Frankfurt galt der Schultheiß. Es war die höchste Würde, welche die Stadt zu vergeben hatte. Der Schultheiß mußte Jurist und Ratsmitglied der ersten Bank sein, also zum Schöffenkolleg gehören. Er stand dem Schöffengericht vor und war zugleich Vertreter des Kaisers in der Reichsstadt. Ihm gebührte im Rat der erste Platz, und er bezog mit über 1800 Gulden auch das höchste Gehalt. Der im 18. Jahrhundert bedeutendste Stadtschultheiß, der als Vorbild eines leitenden Beamten galt, war Dr. jur. Johann Wolfgang Textor, der Großvater von Johann Wolfgang Goethe. Er wurde 1747 zum Schultheiß gewählt und behielt das Amt bis zu seinem Tod 1771.

Der Stadtschreiber, in späteren Jahren Kanzleidirektor, sowie der Ratsschreiber — die beiden führen in den »Criminalia« Protokoll über die Verhöre — waren akademisch gebildete Beamte, das heißt Juristen.

Zur Stadtverwaltung gehörten ferner Dienststellen wie das Bauamt, das Fuhramt, das Gartenamt und das Sanitätsamt, deren Vertreter auch in den »Criminalia« eine Rolle spielen. Dem Bauamt war seit 1761 das Laternenamt angegliedert, seit jener Zeit nämlich, als die Stadt von französischen Truppen besetzt war und der französische Königsleutnant Graf Thoranc in Frankfurt die Stadtbeleuchtung eingeführt hatte.

Az.: Crim 8589/1771   Verkündet am
                                                      28. August 1998

Urteil

In der Strafsache gegen   die Dienstmagd **Susanna Margaretha BRANDT**,
                                   geboren im Jahre 1747 in Frankfurt am Main,
                                   z.Z. im Gewahrsam des Katharinenturms,
                                   ledig, deutsche Staatsangehörige,

wegen   Kindstötung

hat das Landgericht -Schwurgericht- Frankfurt am Main aufgrund der mündlichen
Verhandlung am 9. Januar 1772/28. August 1998, an der teilgenommen haben

    Richter am Staatsgerichtshof des Landes Hessen
    Roland Kern als Vorsitzender,

    Leitender Oberstaatsanwalt Hubert Harth
    als Beamter der Staatsanwaltschaft,

    Rechtsanwalt Dr. Rüdiger Volhard, Frankfurt,
    als Verteidiger,

für Recht erkannt:

**Die Angeklagte Susanna Margaretha Brandt
wird wegen Kindstötung in einem minder schweren Fall
zu einer Freiheitsstrafe von 2 Jahren verurteilt,
deren Vollstreckung zur Bewährung ausgesetzt wird.**

**Die Angeklagte hat die Kosten des Verfahrens und ihre
notwendigen Auslagen zu tragen.**

Angewendete Strafvorschriften: §§ 21, 217 letzte Fassung StGB.

Urteil in Sachen Susanna Margaretha Brandt durch das Gericht
Frankfurt am Main vom 28. August 1998

Az.: Crim 8589/1771

Beschluß:

1. Der Haftbefehl vom 3. August 1771 wird **a u f g e h o b e n .**

2. Bewährungsbeschluß:

   a) Die Bewährungszeit wird auf zwei Jahre festgesetzt.

   b) Die Verurteilte hat dem Gericht innerhalb einer Woche anzuzeigen, unter welcher Anschrift sie Wohnung genommen hat; jeder Wohnungswechsel ist dem Gericht mitzuteilen.

   Sobald die Verurteilte wieder eine Arbeitsstelle angenommen hat, ist auch diese dem Gericht mitzuteilen.

   c) Der Verurteilten wird weiterhin aufgegeben, sich bei den zuständigen Behörden ihrer Heimatstadt um eine Grundschulausbildung zu bemühen und dem Gericht erstmals einen Monat nach Rechtskraft des Urteils hierüber zu berichten.

   d) Die Erteilung weiterer Auflagen bleibt vorbehalten.

Frankfurt am Main, 28. August 1998

Kern

III. *Literatur*

1. Diarium der Frankfurter Rathswahlen oder Chronologisches Verzeichniß aller Raths-Glieder vom 11. März 1727 an, mit Angabe ihres Geburtstages, der verschiedenen Würden, welche und wann sie dieselben bekleideten, ihres Todestages und sämmtlicher Wahlherren. Aus größtenteils handschriftlichen Quellen zusammengestellt von Friedrich Krug. Frankfurt am Main, 1846.
2. Oertliche Beschreibung der Stadt Frankfurt am Main von Johann Georg Battonn. 7 Hefte, Frankfurt a. M., 1861—1875.
3. Studien zur Geschichte der Lebenshaltung in Frankfurt a. M. während des 17. und 18. Jahrhunderts. Auf Grund des Nachlasses von Dr. Gottlieb Schnapper-Arndt herausgegeben von Dr. Karl Bräuer. 1. Teil: Darstellung, 405 Seiten. 2. Teil: Quellen und Materialien, 433 Seiten.
Frankfurt a. M. 1915. (Veröffentlichung der Historischen Kommission der Stadt Frankfurt a. M.)
4. Die Stadt Goethes. Frankfurt am Main im 18. Jahrhundert. Herausgegeben von der Stadt Frankfurt durch Universitätsprofessor Dr. Heinrich Voelcker. Frankfurt, 1932.
5. Fried Lübbecke: Das Antlitz der Stadt. Nach Frankfurts Plänen von Faber, Merian und Delkeskamp 1552—1864. Frankfurt am Main, 1952.
6. I. Kracauer: Das Militärwesen der Reichsstadt Frankfurt am Main im 18. Jahrhundert. In: Archiv für Frankfurts Geschichte und Kunst, 1920.
7. Ernst Beutler: Susanna Margaretha Brandt. Ein Beitrag zur Entstehung von Goethes »Faust«. Publiziert in »Frankfurter Wochenschau« Nr. 20, Jahrgang 1939, Woche vom 14. bis 20. Mai. (Der Jahrgang steht gebunden in der Frankfurter Stadt- und Universitätsbibliothek.)
8. Ernst Beutler: Essays um Goethe. Bremen, 1957.
9. Heinrich Heym: Lebenslinien I. Zwölf Schicksale aus einer alten Stadt. Darin Seite 46—57: »Plädoyer für Gretchen«. Frankfurt am Main, o. J. (ca. 1965)
10. Kriminalfälle aus der Reichsstadt Frankfurt. Von Dr. jur. Karl-Ernst Meinhardt. Darin Seite 126—143 »Die Frankfurter Gretchen-Tragödie«. Frankfurt am Main, 1964.

11. Vorbereitung und Begründung des städtischen Volksschulwesens in Frankfurt am Main. Von Oberlehrer Dr. Sarowy. In: »Programm der Adlerflychtschule«, Frankfurt am Main, 1907.
12. Hermann Grotefend: Der Königsleutnant Graf Thoranc in Frankfurt am Main. Frankfurt, 1904.
13. Schrifttum zur Geschichte und geschichtlichen Landeskunde von Hessen, Band I–III. Bearbeitet von Karl E. Demandt. Historische Kommission für Nassau, Wiesbaden, 1965
14. Flugschriftensammlung von Gustav Freytag. Im Auftrag der Gesellschaft der Freunde der Stadtbibliothek bearbeitet von Paul Hohenemser. Frankfurt, 1925.

Bildnachweis

Umschlagabbildung: Verbrechen und Hinrichtung einer Kindsmörderin. Augsburg, Mitte 18. Jh. Radierung, 20,0 x 32,6 cm. Germanisches Nationalmuseum, Nürnberg, Inv. Nr. HB 4461/Kapsel 1373.

1. Frankfurt, von der Sachsenhäuser Seite
   Stich von Johannes Baptist Reiser um 1770 (Historisches Museum, Frankfurt a. M.)
2. Markt auf dem Römerberg
   Der Römerberg. Stich aus der Serie „Florierendes Frankfurt" von Salomon Kleiner 1738 (Historisches Museum, Frankfurt a. M.)
3. Das Stadtviertel um die Judengasse
   Stadtplan von Matthäus Merian, Stich aus der Ausgabe von 1770 (Historisches Museum, Frankfurt a. M.)
4. Schiffsverkehr auf dem Main
   Ansicht von Höchst. Kolorierter Stahlstich. Gezeichnet von Fritz Bamberger, gestochen bei Carl Mayers Kunstanstalt in Nürnberg. Anfang 19. Jh. (Historisches Museum, Frankfurt a. M.)
5. Das Bockenheimer Tor
   Aquarell von J. Bayer 1789 (Historisches Museum, Frankfurt a. M.)
6. Katharinenturm und Katharinenpforte
   Aquarellierte Zeichnung von K. Böttcher nach J. M. Eben. Genaues Datum nicht feststellbar. 18. Jh. (Historisches Museum, Frankfurt a. M.)
7. Das Todesurteil
   In: „Criminalia" (Frankfurter Stadtarchiv)
8. Das angebliche Tatwerkzeug
   Den Prozeßakten in den „Criminalia" beigeschlossene Schere (Frankfurter Stadtarchiv)
9. Protokoll über die Hinrichtung
   In: „Criminalia" (Frankfurter Stadtarchiv)
10. Die Hauptwache, der Richtplatz
    Stich aus der Serie „Florierendes Frankfurt" von Salomon Kleiner 1738 (Historisches Museum, Frankfurt a. M.)

11. Empfangsbestätigung der Schwester für den Nachlaß
    In: „Criminalia" (Frankfurter Stadtarchiv)

Der Abdruck der Abbildungen erfolgte mit freundlicher Genehmigung des Historischen Museums und des Stadtarchivs der Stadt Frankfurt am Main sowie des Germanischen Nationalmuseums, Nürnberg.

Zu dieser Ausgabe

insel taschenbuch 2563: Goethes Gretchen. Der Text folgt in unveränderter Form dem insel taschenbuch 1190: Das Leben und Sterben der Kindsmörderin Susanna Margaretha Brandt. Nach den Prozeßakten der Kaiserlichen Freien Reichsstadt Frankfurt am Main, den sogenannten Criminalia 1771, dargestellt von Siegfried Birkner. Mit zeitgenössischen Abbildungen. Insel Verlag Frankfurt am Main 1973.
Umschlagabbildung: Christian Georg Schütz. Ansicht des Römerbergs (Ausschnitt), 1754. Historisches Museum Frankfurt, Dauerleihgabe des Städelschen Kunstinstituts.